JN228900

おしゃれの制服化

「今日着ていく服がない！」から脱する究極の方法

一田憲子

迷わず着られるアイテムで、自分だけの「制服」をつくる

「スティアンコル」の白いリネンシャツに、「ビショップ」のテーパードパンツを合わせて。靴は「ショセ」のレースアップシューズ。バッグは「m0851」。靴とベルトはエナメルで。

いたって「普通」がいちばん

白シャツに「サイ」のチノパンを合わせたいつものスタイル。お気に入りの「サムロ」のブレスレットを手元のアクセントに。

何を着るかでなく、どう着るかに、その人らしさが立ち上る

タック入りで太めなのに、きれいな落ち感のパンツは、この冬いちばんのお気に入り。Vネックセーターはやや肉厚で今年っぽい。どちらも「ア ピース オブ ライブラリー」。

コンプレックスと向き合い、似合う服の条件を分析する

お尻が大きいので、ピタッと体にくっつかず、立体的にはけるタック入りのパンツをチョイス。８分丈で足首を出すのがポイント。これは、「ハバーサック」のもの。

歳を重ねたからこそ、〝ちょっとかわいい襟〟を取り入れて

上／襟元にフリルをあしらったブラウスは、顔を華やかに見せてくれる。「ア ピース オブ ライブラリー」のもの。下／襟が詰まって身ごろが広いトップスは、クラシカルなシルエット。襟付きの２枚は「ギャレゴデスポート」。ラウンドネックの２枚は「ア ピース オブ ライブラリー」。

季節ごとに定番の組み合わせを決めておく

上／夏の定番。「パーマネントエイジ」のブルーのパンツに「ア ピース オブ ライブラリー」のシャツを。白いベルトも「パーマネントエイジ」。靴とバッグは白で統一。下／秋冬の定番。「ハバーサック」のパンツと「ア ピース オブ ライブラリー」のＶネックセーター。靴とバッグは茶色で。

お出かけは、ストンと着るだけのワンピースで

「ミシェル ボードアン」のシャツワンピースは、エレガントすぎず、メンズライクに着こなせる1枚。中にタートルなどを合わせると違う雰囲気に。

はじめに――

いつも同じ印象の服でいい、という提案

私にはいったいどんな服が似合うのだろう？

今の自分の暮らしに必要な服ってなんだろう？

ずっとその正解がわからなくて、私は長年おしゃれの混沌の中にいました。毎年、行き当たりばったりでショップで目についた服を買う。誰かが着ていてかっこよかったから、まねして買う、といった状態。その結果、今年買ったものと、去年買ったものが組み合わせられなくて、クローゼットの中にどんどん服は増えていくのに、さっぱりコーディネートが決まりません。忙しい朝に鏡の前で途方に暮れることもしばしば。おしゃれが決まらないと、自分に自信が持てなくて、歳を重ねることさえも不安になっ

てきました。

そんなおしゃれの迷子から、一歩抜け出せたのは、取材で知り合ったセレクトショップを営む先輩から教えてもらったひと言がきっかけでした。

「おしゃれは普通でいい」

それまで、私は「おしゃれ」とは、隣の人とは違う「特別感」だと思っていました。あの人よりかっこいい、あの人より素敵。そんな目立つポイントがあることが「おしゃれ」だと思っていたのです。

でも、よ〜く観察してみると、かっこいい人はみな、いたって普通のシンプルな白シャツやテーパードパンツをさらりと着こなして、とてもさりげないのです。目指すのはココだ！と思いました。スペシャルにおしゃれじゃなくていい。

今、私が心がけているのは、「いい感じ」に見えるおしゃれです。「いい感じ」とは、自分も、そして一緒にいる人も心地いいと感じられること。服が目立つのではなく、着こなしの端っこに小さなおしゃれへの心配りを感じる……。

「普通でいいんだ」という発見は、その後の洋服選びの大きな指針となりました。

「ちょっと変わったヤツを探そう」という視点から、「シンプルで普通なもの」「着ていて感じがいい服」へ。

「普通の服」は、そんなに目立ちません。だからこそ、ちょっとしたロールアップの分量や、胸元の開き具合、ちらりと袖口から見えるブレスレットなど、ほんの些細なディテールに、控えめな「その人らしさ」が薫り立つと知りました。

さらに、もう一つ気づいたことがあります。それは「あの人、素敵」と思う人はみんな、「いつも同じ」印象だということ。

雑誌の「1週間コーディネート」などのページを見ると、モデルさんが毎日イメチェンして、街角を歩いたり、カフェでお茶を飲んだり。そんな刷り込みによって、私は「おしゃれ」とは「変化をつけること」だと思い込んでいたような気がします。

でも、チノパンに白シャツをベースにしたトラッド好きなあの人は、いつ会ってもキリッとメンズライクな服装だし、黒や白をベースに、やわらかい素材のワンピースをまとうあの人は、どんなときにもやさしい印象のおしゃれだし……。

そうか！　おしゃれって、毎日服を取っ替え引っ替えすることじゃないんだ。「いつも同じ」でいいんだ。そう知ると、おしゃれのハードルがぐんと下がった気がしました。これまで「きのうと同じ」であることは、マイナスポイントだと思っていました。でもじつは、「いつも同じ」であることこそ、その人の「スタイル」となる。

この考えにたどり着いてから、私のおしゃれへの意識が、180度くるりとひっくり返りました。

私の「いつも同じ」はなんだろう?と改めて考えてみたくなりました。自分らしくて、着心地がよくて、そんなに目立たなくてもいいから、人と会ったとき「ちょっといい感じ」と思ってもらえる服がいい。そんな視点からワードローブを見直し、自分だけの「いつも同じ」を見つけることを「おしゃれの制服化」と名づけてみました。

制服が決まれば、毎日のコーディネートはぐんとラクになります。余計な心配をしなくてよくなると、本当に大切なことに力を使うことができます。少しの服で、自分らしさの軸をしゃんと立て、生きていけたらいいなと思っています。

＊本書に掲載している服や小物はすべて私物です。現在取り扱いがないものもございますので、ご了承ください。

Part 1

自分を知って制服化する

いたって普通でいい。いつも同じでいい。それでもそこにあるのが、自分らしさ

イイホシユミコさん
Yumiko Iihoshi

器作家。京都嵯峨芸術大学陶芸科卒業後より「ユミコイイホシ ポーセリン」の名前で作品の発表を始める。手作りのものは作り手の手跡が残らないように、プロダクトのものは味気ないものにならないように。「手作りとプロダクトの境界にあるもの」をコンセプトに制作。２０１９年に東京店を近くに移転し新たにオープン。https://y-iihoshi-p.com/

印象に残らない服がいい

「毎シーズン、仕事着として使えて、ヘビーローテーションできそうなパンツと、それに合わせるトップスを2〜3枚、エイッと買うんです。選ぶときのポイントは、何回着ても『あ、あの人またあれを着てる！』と言われないような、あまり印象に残らない服。でも、私自身はすごく気に入って満足しているってことかな」

そんな話を聞いて、イイホシさんらしいなあと思いました。器作家として活躍。ご自身のブランド「ユミコ イイホシ ポーセリン」のコンセプトは、「手作りとプロダクトの境界にあるもの」。作り手の手跡が残りすぎないように。でも、味気なくならないように。絶妙な「間にあるもの」が、目指す器なのだと言います。

イイホシさんの選ぶ服は、そんな器とどこか似ています。手の跡が残らない器だからこそ、使う人の暮らしにするりと入り込む……。「人の印象に残らない服」も同じこと。誰かに会ったとき、その洋服ばかりが頭に残るより、「その人」の印象が素敵なほうがずっといい。「何を着ていたかは忘れちゃったけれど、あの人と会えてとっても楽しかったわ」と言えるほうが大事なんだと、教えていただいた気がしました。

一見シンプルに見えるパンツは、はいてみると、ヒップまわりがラウンドした「地味だけれど個性的」なデザインに。ニットはやや肉厚で身幅が広めなので、「今」っぽく着こなすことができる。

How to make her style ***No.01***

何を着ていたかより「あの人と会えてよかった」と感じるおしゃれを。

ウールのワイドパンツと、グレー、ネイビーの色違いのニットはいずれも「スタジオ ニコルソン」のもの。

シーズン初めにボトムスとトップスをセット化して購入

先シーズンの秋冬用に買ったのは、「スタジオ ニコルソン」のグレーのパンツとセーター。セーターは、まったく同じ形でネイビーとグレーの2色を買ったそうです。今年の春夏用には、「ソフィー ドール」のパンツとトップスをやっぱり色違いで2枚。どちらも、ちょっと奮発しないと買えない値段ですが、コレさえ買っておけば、「今日、何着よう?」「そろそろ新しい服を買わなくちゃ」と、気持ちが揺れることなく、いちばん大事なこと＝仕事に集中できるのだと言います。

「なんとなく違うよな、と思いながら洋服を着ていることがイヤなんです。だったら、そんなに変化しなくてもいいから、自分が納得している服を毎日でも着ていたいかな」。自分の心が安定していること。それが、イイホシさんの「制服」の条件のよう。

セット買いする洋服には、共通する特徴があります。それが、「普通」であるということ。じつは、去年の秋冬、「ユニクロ」の丸首のウールのニットを色違い、サイズ違いで、同じものを5枚買ったそうです。「もう、すばらしいんです。スタッフにも『絶対買ったほうがいいよ』とすすめて、昨年の冬は、うちの制服のようになっていました」(笑)。

どんなところがそんなにいいんですか？と聞いてみると、「余計なことをしていないところ」とイイホシさん。「でも、ほかのブランドでは、この値段でこのクオリティは作れないと思うんです」と聞いて、へ～っと驚きました。

ろくろを回して器を作ったり、取引先との打ち合わせに出かけたり、表参道のショップで知り合いのお客様を迎えたり。日々の仕事は多岐にわたります。「今まで作業のときは、作業用の服に着替えていたんですが、この『ユニクロ』のセーターなら気兼ねなく着られるのがいいですね。しかも洗濯機で何回洗っても、へタらない。作業を終えてそのまま出かけても、シンプルだからどんなシーンにも適応できるし。時々すそに粘土がついていて、『あ、いかん！』と思うこともあるんですけど」と笑います。

さらに、まったく同じような形のネイビーのセーターがありました。なんとこちらは、「プラダ」などのハイブランドで、アウトレットショップで買ったもの。「『プラダ』は着心地がよくて、毎日着すぎて毛玉がついちゃいました。もう一枚はやや小さめなので、フィット感がちょうどよくて」。「ユニクロ」と「プラダ」を同じ目線で選ぶ。そのポイントは、「普通であること」と「カットがいい」という2点でした。「ハイブランドでも、ファストファッションでも、作っている人の意志が感じられるものが好きですね。そこが、好きと嫌いの分かれ目かもしれません」。

ワイドパンツにTシャツをインして、ネイビーとブルーのワントーンコーデに。Tシャツでも素材が上質なので、カジュアルになりすぎないのがいいところ。 足元は、「チャーチ」のタッセルローファーでマニッシュに。

How to make her style No.02

この服大好き。自分が満足していられればそれでいい。

胸ポケットがアクセントのＴシャツと、ネイビーのワイドパンツはどちらも「ソフィー ドール」のもの。

普通であることはもちろん、「カットがいい」ことも、ひと目でわかる特徴ではありません。でも、例の「スタジオ ニコルソン」のパンツとセーターを着て現れたイイホシさんのかっこいいこと！「パンツは形がおもしろくて、パターンがいいんです。セーターは、肩のサイズがちょっと大きめで丈が短めなところが、今年っぽくていいかなと思って」。一見「普通」なのに、身につけてみたら確かな違いが立ち上る。地味なアイテムなのに、こんなにもさりげなく個性が際立つなんて！「あの人、なんだかいい感じ」という印象は、こんなかすかな違いから生まれてくるのかもしれません。

海外で知った、大人の「わきまえ」というおしゃれ

ここ数年、フランス、ドイツなど海外の展示会にも出展しているイイホシさん。現地で洋服に対する意識が大きく変わったのだと言います。

「ヨーロッパの方は、カジュアルですけれど、ちゃんと『わきまえ』た格好だったんです。以前、オーストリアで、デザイナーであり陶芸家のインゲヤード・ローマンさんと4日間ご一緒する機会がありました。彼女は白と黒しか着ない人ですが、夕方ホテルに戻り、夕飯に行く前に必ず着替えてこられるんですよね。同じ黒なんですけれ

ど、靴がエナメルになっていたり、ちょっとスカーフを巻いたり、指輪がプラスされていたり。それは、インゲヤードさんだけではなく、まわりにいらっしゃるみなさんも同じで。私には、そういうところがなかったので、大事なことだなあと勉強になりました。それ以降、昼間はスニーカーでも、夜は革靴にしたり、エナメルを選んだりと、少し意識するようになりました。パーティ仕様ではなくても、ちょっとの変化でいいんです。そして、それを楽しもうって思うようになりました」

今、少し改まった席に着ていくのは、シンプルなワンピースです。気に入っているのは、「ジル・サンダー」のネイビーのシンプルなもの。たしかにワンピースではあるけれど、さらりと着こなした姿は、あのパンツセットのときの印象とほとんど変わりがありませんでした。ワンピースと聞くと、女らしかったり、エレガントだったり、と考えがちですが、イイホシさんが求める姿は、あくまで辛口。「あんまりやわらかい素材のものは着なくて、パリッとしているほうが好きですね。ふんわりしているより、カリッとかたい生地が好きなんです」と聞いて納得。さぞかし高価なのかと思いきや……。「これね、アウトレットショップで買ったんですよ」と教えてくれました。高価だから、ハイブランドだからいいわけじゃない。自分の暮らしに見合った買い物をすることも、「わきまえ」のあるおしゃれの基本です。

1

2

How to make her style No.03

地味でも目立たなくても
その人らしさが匂い立つ。

1.「ユニクロ」のクルーネックセーターは、黒、ネイビー、グレー、キャメルの4色をそろえた。どんなボトムスにも合わせやすく、冬のヘビロテアイテムに。
2.右2足は、海外に行ったときに安く買ってくるという「ランバン」のフラットシューズ。色違い、素材違いでそろえ、きれい目なおしゃれのときに。左2足は「チャーチ」。
3.黒に近い濃紺のワンピースは、「ジル・サンダー」のもの。ウエストをひもで絞ってブラウジングし、形を整える。靴は「ランバン」。

足元には、「ランバン」のフラットシューズを。中に2センチほどの隠しヒールが入っていて、足をきれいに見せてくれるのだとか。海外だとかなり安く買えるので、同じデザインで、色違い、素材違いと少しずつ買い足しているそう。冠婚葬祭には黒の革を、ちょっと食事に出かけるときはエナメルを、といった具合です。

じつはイイホシさんの持っている靴はたった3種類。普段は歩きやすい「コンバース」を。打ち合わせに出かけるときなど、少しきちんとしたいなら、マニッシュな「チャーチ」のシューズを。そしてお出かけには「ランバン」を。ここにも間口を狭くした靴の制服化がありました。

よく「TPOに合わせて」と言いますが、イイホシさんのおしゃれのバリエーションには、わずかひとさじというさじ加減があるだけでした。個展だから、誰かと食事に行くからと、張り切ったドレスを着るのではなく、ちょっといい靴をはく。その程度のこと。もしかしたらそれは相手に見せるためではなく、自分の心の有り様なのかもしれません。

自分の欠点と前向きに折り合いをつけるというおしゃれ

「なんでもそうだと思いますが、私は自分の時間を費やしたことしか身につかないと思っています。だから、おしゃれにはあんまり自信がないんですよ」と語るイイホシさん。作家として活動するだけでなく、自分でデザインしたものを窯元で中量生産する。そんなプロダクトとしての器作りは、今までの器作家さんの仕事の在り方とは、大きく異なるものでした。

私は、イイホシさんと知り合って、15年近くになります。いつも、久しぶりに会うと「え～!!」と驚くことばかり。初めてお店を出したときも、デザインした器を有田や瀬戸の窯元に発注したときも、その大胆な決断に度肝を抜かれてきました。そして、そんな彼女の姿に「仕事とは、自分で生み出すもの」と教えられたものでした。

人生の中で仕事に費やす時間が一番という優先順位は、私も同じなので、「おしゃれは二の次」「だから自信がない」という気持ちもとてもよくわかります。でも、もしかしたら、「おしゃれが一番」という人は少ないんじゃないかと思うのです。誰もが、仕事をし、子育てや家事をしながら、今日着ていく服を選ぶ……。そんな「暮らしの中のおしゃれ」だからこそ、雑誌で見かける最先端のおしゃれでなくても、センス抜群でなくても、「ちょっといい感じ」に装えればいい。

ただ、私たちはついそれを忘れてしまうのかも。「そこそこでいい」はずだったのに、自分以上のおしゃれを夢見て、着たことのない服に手を出したり、あの服さえ着れば、かっこよくなれるという錯覚に陥ったり……。そんなとき、イイホシさんの「おしゃれ」への視点が、とてもいいお手本になります。ワンシーズンに、お気に入りがワンセットあればいい。それは「自分は自分のままでいい」というおしゃれでした。つまり「今の自分が好きなもの」を着ればいい、ということ。

そんなイイホシさんですが、ご自身の体型については、たくさんコンプレックスがあるのだとか。「若いころから、どうやったらまともに見えるか、それをカバーするために、一生懸命あれこれ工夫してきました。それが、今の私のおしゃれのベースになっています。きっと、生きることってすべてがそうですよね。もっと人前でコミュニケーションが上手に取れる人だったら、きっと私はものを作る方向へ進まなかったと思います。自分の欠点をなんとか前向きに持っていくということが、自分の歩いていく道をつくるんでしょうね」。

「私なんて」と尻込みされますが、イイホシさんに会うたびに、なんてかっこいいんだろうと思います。それは、きっと外と内との乖離がないから。着ているものすべてが、イイホシさんの中身とぴったり一致しているから。出会う人に、凛とした一本の筋を感じさせる。そんなおしゃれもあるのだと知りました。

イチダのおさらい

ハイブランドでも、「余計なことをしていない」服を選ぶ。

気に入った服は、色違いで大人買いする。

同じ形をサイズ違いでそろえて、ボトムスのボリュームによって使い分ける。

自分のライフスタイルに合った靴を選ぶ。

「ちょっとお財布が痛い」ぐらいのクオリティの服を、エイッと買う。

おしゃれは日々更新してこそ、「今」の自分を輝かせてくれる

大草直子さん
Naoko Okusa

大学卒業後、婦人画報社（現ハースト婦人画報社）入社。雑誌『ヴァンテーヌ』の編集に携わる。スタイリストとして独立後、ファッション誌、新聞、カタログなどで活躍。２０１５年からはウェブマガジン『ミモレ』の編集長を務める。２０１９年に自身のサイト「アマーク（AMARC）」をスタート。３児の母でもある。https://amarclife.com/

自分にダメ出しをすることが大事

あるときは背中が大きく開いたワンピースで。あるときはデニムにTシャツを。インスタグラムなどで、日々のリアルな装いを披露している大草さん。その姿が魅力的なのは、装いの背景に、母としてお弁当を作り、華やかなファッション界のパーティを楽しみ、ベネズエラ人のご主人とお酒を飲み……と常に人生をワクワクと楽しんでいる姿が垣間見えるからなのかもしれません。

今年47歳。つい最近までおしゃれの低迷期を過ごしていたと聞いて驚きました。「2年ほど、迷いに迷っていましたね。私は年齢を重ねるとやせていってしまうタイプで、首まわりがげっそりしているように見えるんです。凹凸があるので影の部分が目立ってしまう……。一時期、何を着てもしっくりこなくて、コーディネートが決まりませんでした」。

あの大草さんにそんな時期があったなんて！　そのトンネルから抜け出すきっかけとなったのは、1本の口紅だったのだと言います。

「今までほとんどリップには色をのせず、ヌーディーな感じだったのに、赤い口紅を

How to make her style No.01

口紅1本でおしゃれの迷子から抜け出す。

現在のメイクのトレンドはリップにポイントを置くこと。今までアイメイク派だった大草さんも、最近は真っ赤な口紅をチョイス。赤色をさすと表情がくっきりと際立ち明るくなる。

おしゃれの迷子から抜け出すきっかけとなったのが赤い口紅。これは「RMS」の「リバウンド」という名前の1本。ビビッドな赤だが、マットな質感なので肌への馴染みがよい。オーガニックなのもうれしい。

塗ってみたら、パッと顔が明るくなって、選ぶ服が見えてきたんです」

今は「RMS」のマットな赤の口紅を愛用中なのだとか。いつも、おしゃれの最前線で、颯爽《さっそう》と風を切って歩いているように見えるのに、じつはこれまでもたびたび悩み、惑う時期が訪れていたそう。何を選んでも似合わない気がして、スタイリングに時間がかかる……。でも、それをチャンスと捉えるのが、大草さんのすごいところ。

「おしゃれって、これで完成というゴールがなくて、常に自分に向き合ってダメ出しをし、そして次のステップに行く、という作業が大事だと思うんです」

おそらく、大草さんの「迷い」は、私だったら見過ごしてしまうような、ごく小さな違和感だったのだと思います。でも、それを見逃さず「なぜ似合わないのかな？」と分析し、考え、工夫して、未来の自分のために階段をひとつ上がる。こうして更新し続けるからこそ、何歳になっても、その年齢をポジティブに受け入れたおしゃれができるのだと納得しました。

ずっとグレーが定番カラーだったという大草さん。でも歳を重ねて、肌や髪の質感が変わると、「黒」のほうがしっくりくるようになってきたそう。

「首まわりがやせて、影ができるようになると、トップスを黒で締めたほうがいいみたい。そして、赤い口紅を塗るようになったこともあり、黒が似合うようになったんです。今は、ニットやカットソー、ジャケットなどは、黒が多いですね。久しぶりに会う友だちは『今まで黒は、絶対に着なかったのに！』って驚きます」（笑）

ただし、どんな「黒」でもいいわけではありません。去年へビロテで着たのは、なんと「コス」の薄手のタートルセーターだったのだとか。そのほか、「ジョン スメドレー」のシーアイランドコットンのセーターなど、どれも超薄手。「黒で厚手だと、おばさんっぽくなってしまうんですよね」と大草さん。

今は、ちょっとボリュームがあるパンツに、ピタッとした黒のトップスを合わせるのが、定番の着こなしになりました。

選ぶパンツの形は2種類だけ

「パンツは同じ形しかはかないんです。ボトル型のテーパードパンツかワイドパンツ。スキニーは絶対に選ばないですね」。どんな服も着こなせる方だと思っていたのに、意外やそのストライクゾーンはごく狭いものでした。

「ボトル型は、ウエストはキュッとしまっているけれど、ウエストまわりにタックが入っていて、ヒップにかけて少しふくらみがあり、下に向けて細くなっています。自

How to make her style ***No.02***

自分に似合うものは、変わっていい。

1.薄手のタートルネックセーターは「コス」のもの。2.鮮やかな黄色のパンツは「ユナイテッドアローズ」で。グリーンは「タカシマヤ」のシーズンスタイルラボと大草さんのコラボモデル。

「ジョン スメドレー」のニットをピンクのボトル型パンツにインして。パンツの丈は短めにし、足首を見せると女らしく。パンツのピンクとトーンを合わせた水色のパンプスを選ぶという上級テク。

分の足の形や全体的なバランスを考えると、このパンツがいちばんいい。少しグラマラスなシルエットになるので、華やかな場所にもはいていけます。ワイドパンツは、もう少し凛としたかっこいい感じかな」

今回撮影のために着てくれたパンツはなんとピンク！　シンプルなだけでなく、どこかで女度を上げるのが大草さんらしさ。ピンクのパンツなんて私だったら選べない……と言いたくなりますが、黒のトップスと合わせた姿を見ると、「あれ？　まねできるかも？」と思えてきます。パンツで色をプラスするこの方法は、無難に陥りやすいおしゃれから抜け出すためにも、なかなか有効な方法のよう。

デニムは、自分に合うブランドを一つ決める

「やっぱり私の制服といえばデニムかな」と大草さん。Tシャツと合わせてカジュアルに装ったり、ジャケットを合わせてきれいめに着こなしたりと、その幅の広いこと！

「デニムが制服のようになったのは、30代のいちばん忙しかったころだと思います。ノーアイロンではけるし、ガンガン洗えるし、自転車にも乗れるし、子どもを迎えに行って、そのままデニーズに行っても大丈夫だし」と笑います。

でも、自分に合うデニム探しは、なかなか難しいもの。どうやって選べばいいのですか？と聞いてみました。

「自分に合うブランドを一つ決めるといいと思います。やっぱり日本のブランドのほうが、日本人には合うと思いますね。次に自分に合った形を決める。そうすると迷わないし、パンツが決まると、スタイルが決まりますから」

大草さんの場合は「レッドカード」。初めてはいたときから体に馴染むのが特徴なのだとか。でも、お気に入りを1本見つけたらそれでおしまいというわけにはいきません。「できれば、1年に一度ぐらい、買い換えるのがおすすめです。デニムって、そのときの流行や気分を表すので、形も加工もどんどん変わります。今は圧倒的にハイライズ。トップスはずっと同じTシャツでも、デニムが変わればすごく今っぽくなるし、反対にずっと同じデニムをはいていると、古臭くなることもあります」。

ジャケットを合わせるなら、シンプルなテーラード。「丈が短めだとキャリアっぽくなってしまうので、少し長めのものを選びます。さらっと1枚で着ても、ウエストでマークしてもかっこいいです。できるだけ、ガサッと男っぽい素材がいいですね。ジャケットって額縁みたいなもので、ロゴTを着たり、シルクのボウタイブラウスを着たりと、中に着るものでガラッと印象を変えられるんです」。

How to make her style No.03

デニムは、1年に一度更新する。

1. ジャケットは、シルエットが箱のようになるボックス型でお尻が隠れる丈のものを。これは「カオス」のもの。2. デニムは右から「フラン」、「レッドカード」、「アッパーハイツ」。

デニムはコーディネートの主役というより、その日着たいトップスに合わせ、脇役アイテムとして選ぶそう。白いロゴTシャツに合わせたのは、「ロンハーマン」オリジナルのデニム。

働き者の「揺れて、透ける」ワンピース

雑誌『ヴァンテーヌ』の編集者を経て、フリーのスタイリストとして独立。37歳で初めての著書『おしゃれの手抜き』（講談社）を出版し、理論派スタイリストとしてたちまち人気に。今までセンスや感覚でしか語られなかったおしゃれに、きちんとした理由とセオリーという裏付けをつけた先駆者が大草さんです。

やがて、雑誌『ドレス』（幻冬舎）のファッションディレクターを務め、ウェブマガジン『ミモレ』（講談社）の編集長に。最近では、ご自身のウェブサイト「アマーク」をスタートしたばかりです。

「今はとにかく、いろんな方にお会いしますね。企業のトップの方に会う日もあれば、デザイナーさんと打ち合わせもするし、子どもの学校に行かなきゃいけない日も。自分自身が写真に撮られることもあります。生活のシーンがものすごく広いので、洋服の幅も自然に広くなりますね。でも、全部に合う服はないので、こういう予定の日はだいたいこれ、とパターンを決めています」と大草さん。

それは、たとえばこんなふう。朝の撮影では、スタイリストとして洋服を準備する

仕事を。その後オフィシャルな場で会議に参加し、次はテレビの取材。夜はレセプションパーティに。そんな日に大草さんが「これ」と決めているのは、プリントのロングワンピース＋ライダースジャケット＋フラットな靴という組み合わせです。

「やわらか素材のワンピースは、シワにならないので、一日着ていてもくたびれることがありません。パンツだと、必ず膝の裏あたりがシワになってしまうんですよね。シワにならないというのは、じつはすごく大事です」

制服と聞くと、シンプルなシャツやパンツと考えがちなのに、なんとプリント柄のワンピースだなんて！　ふんわりと風に揺れるエレガントなワンピースの裏側に、大草さんの忙しい一日を支える「それを選んだ理由」がぎゅっと詰まっていました。

おしゃれは隣の人との競争じゃない

大草さんの「制服化」の特徴は、似合うものを見つけたら、必ずそれを「更新する」ということです。最初のきっかけは、なんとなくの違和感なのだと言います。

「小さな違和感って、一日一日、ホコリのように降り積もっていくんです。放っておくと、ずっと続いてしまうので、そこでちゃんと気づくように。『じゃあ、髪の毛にオ

How to make her style No.04

予定ぎっしり！の日にはワンピースを。

レーヨン製のプリント柄のワンピースは大草さんデザイン。朝から夜まで着ていてもシワにならない。ライダースジャケットと合わせて、女らしさとハードな雰囲気をミックス。

イルをつけて、ウエットにしてみよう』とか、『口紅をベージュじゃなく、赤にしてみよう』とか。そういうことはすごくやっていますね。でも、決して難しいことをしているわけではないので、誰でもできると思います」

そんなおしゃれの微調整は、外見と、自分の内側とのズレを修正することでもあります。「洋服って、コミュニケーションのツールだったり、自分という個のプレゼンテーションだったり、相手に対するマナーやリスペクトだったり、いろんな意味がありますよね。そして、自分の内側を包むものでもあるんです。つまり、ラッピング。私たちって、中身はどんどん変わっていくじゃないですか？　だから、それに伴って、包装紙も変えないといけないなって思うんです」。

今年、大草さんはウェブメディア「アマーク」を立ち上げました。ご自身の日々の装いから、美容情報、暮らし方まで、さまざまなコンテンツが毎日更新されます。いちばん伝えたいことは、ラクに楽しく生きる方法。

「おしゃれって、時として競争のトピックになってしまいますよね。あの人はこれを持っているのに私は持っていないとか……。でも、もっと認め合って、協力し合えたらいいなって思うんです。嫉妬や比較からフリーになったとき、人はやっとラクになれます。親がそういう姿勢になれば、子どもはもっとラクになります。だから、お母さんこそ、自分だけのおしゃれを見つけてほしい。難しい手段やたくさんのお金は必要ありません。ただ、具体的な方法を学び、コツコツとトレーニングすることは必要です。そんなお手伝いができればと思っています」

大草さんは20代のころ、サルサダンスにはまって会社をやめ、南米に渡り現地で暮らした、という経験を持っています。編集という仕事に全精力を傾け、キャリアアップに邁進していたのに、すべてを捨てて飛んでいく……。そこで見つけたものこそ、「人生は楽しまなくちゃ！」というアイデンティティーでした。「今では、私のライフワーク、私のサードプレイスですね」と語る大草さん。ここに、きっと大草さんのおしゃれの軸があるんじゃないかと思います。誰かに見せるためでも、ほめてもらうためでもない。おしゃれは、自分が人生をワクワク楽しむためのもの。

ずっと変わらない自分の定番を探すこと＝おしゃれの制服化だと思っていました。でも、大草さんが教えてくれたのは、制服は変わっていいということ。歳を重ね、自分の内部で起こる変化に耳を傾けて、日々更新するからこそ、着ていて心地いい制服が手に入る。まずは、毎朝鏡の中の自分をチェックして、「似合ってるかな？」と点検することから始めてみようと思いました。

イチダのおさらい

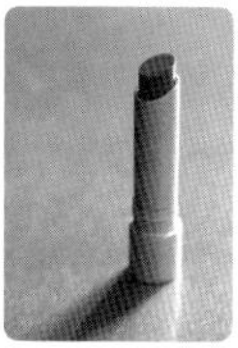

似合う服が見つからなくなったら、口紅を変えてみる。

ボトル型のパンツで、グラマラスで女らしいパンツスタイルを作る。

デニムは、1年に一度新しいものをチェック。

ジャケットは、ボクシーなデザイン(「箱型」のシルエット)を選ぶ。

一日中、アクティブに、多目的に動く日には、シワにならないワンピースを選ぶ。

永遠のアイテムを、自分の人生に合わせてそろえていく

佐藤治子さん
Haruko Sato

アパレルブランドのデザイナーおよびディレクターとして40年以上のキャリアを持つ。２０１１年に、お直しサロン「リモデ」をスタート。同時にブログ「madame H のバラ色の人生」を開設。会員制の「madame H サロン」ではコーディネートのアドバイスを。オンラインでオリジナルの洋服も販売。https://www.madamehcloset.com/

60歳を過ぎて、ワードローブを再構築

佐藤さんの著書『madame Hのバラ色の人生』（宝島社）の1章はじめに、こんな文章が綴られています。

「45年間アパレルデザイナーとして働く中で、着たことがないものはない、というぐらいにありとあらゆる服に袖を通してきました。でも、60歳のときのあることをきっかけに、ほぼすべてを処分。大好きな、シンプルな服たちだけが残りました。これからもずっと着続ける、私の制服です」

この文章を読んだとき、私は佐藤さんに会ってみたくてたまらなくなりました。短い言葉の中には、「人生がくるりとひっくり返るほどの価値観の転換があった」ということ、それに伴って、「何を持って生きるか」という「所有の形」がガラリと変わったこと。そして、残った数少ないもので、「制服」というおしゃれが成立したこと。そんな大事な要素がぎゅっと詰まっていたからです。

こうして、ドキドキしながら、東京・代々木上原にあるサロンに伺いました。扉を開けると、グレーと白のストライプの壁のモダンな空間が広がっていました。ラック

には、佐藤さんがデザインされた洋服がピシッと並んでいます。

「こんにちは。よろしくね」と現れた姿の若々しいこと！　今年72歳になると聞いて驚きました。

まずは、あの「60歳のときのあること」についてお話を伺いました。

「ムッシュ（佐藤さんはご主人のことをこう呼びます）が、ある日突然倒れたんです。私はすべての仕事をストップして、介護中心の生活が始まりました。人生何が起こるかわからない、ということを実感しましたね。とてもいい経験をしたと思います」

そのつらい経験から、どうやって「制服」が出てきたのでしょう？

「当時、病院通いやリハビリの付き添いばかりの生活だったから、洋服はほとんど必要ありませんでした。ジーンズをはき、Tシャツの上にはカシミアのカーディガンを。ずっとそんな格好で過ごしていました。そのとき、『あれ？　これだけで十分じゃない！』って思ったんです。これを機に、自分が毎日着ていた服を見直しました」

つまり、佐藤さんの制服第1号は、ジーンズとTシャツ、カシミアのVネックカーディガンだったというわけです。その後、仕事のときはTシャツが襟付きの白シャツに、ジーンズがテーパードパンツになり、襟元には「エルメス」のカレを。これが今の制服の基本形になりました。ネックレスやピアスはつけずに、大好きだという「ロ

ジェ ヴィヴィエ」の靴がアクセサリー代わり。目的に合わせてカーディガンやジャケットを重ねるというのがいつものコーディネートです。

「いつも同じ」が、スタイルをつくる

「今まで、夫婦二人でさんざんおしゃれにお金を使ってきたんです。私はファッション関係の仕事ですし、ムッシュも美容師だったので。でも、一家の大黒柱が倒れ、私自身も介護のために仕事ができなくなった。そこでパシッと割り切ったんです。私には、もう本当に必要な『制服』数枚だけでいいって」

佐藤さんは、そんな決意を「とてもすがすがしい気分だった」と教えてくれました。

私たちはつい、「おしゃれに見られるためには、毎日ガラリと服を変えなくてはいけない」と思いがちです。でも、本当にその人を美しく見せ、かつ自分が心地いいコーディネートであれば、毎日同じでもなんら問題ない。むしろ、「いつも同じ」だからこそ、「ああ、あなたらしいわね」と言われ、中身と外見、つまり「生き方」と「おしゃれ」がぴったりと重なった、その人だけの「スタイル」が生まれる。佐藤さんにとっての制服化は、人生後半の生き方の姿勢そのものです。

How to make her style No.01

Vネックカーディガンは、ジャケットとして着こなす。

1.シャツは第2ボタンまではずして、縦に襟元を開けるとすっきり見える。これにVネックカーディガンを合わせるメンズスタイルを取り入れて。2.テーパードパンツの丈は、くるぶしがギリギリ隠れる丈がきれい。

白のテーパードパンツに、ブルーのストライプシャツ、紺色のカーディガンを合わせたさわやかなコーディネート。佐藤さんの制服の基本形。パンツは「ラルフローレン」。それ以外はすべて「madame H」。

基本の10アイテムを決める

佐藤さんが「制服化」のために厳選したのは、全部で10アイテム。白シャツやテーパードパンツ、テーラードジャケット、Vネックカーディガンからコートやワンピースまで。これを「まずそろえるべきは、白いご飯」とたとえていて、「なるほど！」と膝を打ちました。白いご飯は、毎日食べても飽きることがありません。そして、どんなおかずを合わせてもおいしく食べられる、まさに日々の食事のベースです。

「まずは、ベースとなるアイテムをそろえ、それを季節やオケージョンに合わせてアレンジしていきます。この『白いご飯アイテム』に、おかずとなる小物で変化をつけていけばいい。こうしたアイテムが決まっていれば、たとえばショップで新しい服を見つけて、なんとなく欲しくなってしまっても、『私のスタイルには合わないわ』とジャッジできる。組み合わせが難しくて結局着なくなる……なんてこともなくなります」

そんな佐藤さんの言葉を聞いて、私の「基本の10アイテム」はなんだろう？と考えました。すると、今まで、自分のワードローブ全体を俯瞰して見たことなんて、なかったことに気づきました。春には春の服のことしか考えないし、「いつも」と

「ちょっときちんと」の違いを計画したこともない。まずは、自分が何を持っていて、何をよく着ているかを、大きな目で見つめることからスタートしなくちゃ……。

さらには、10アイテムを「決める」ということが難しい。あれも、これもきっと必要かも……と選び出してみると、あっという間に10枚を超えてしまいます。「本当に必要なものはなんだろう?」と考え、不要なものをそぎ落とす。そうやって「制服」というメガネをかけて、ワードローブを見つめ直す作業は、自分と向き合うことそのものなのだなと理解しました。

これらのベーシックアイテムは、シンプルだからこそ「どう着こなすか」が大事です。たとえば、私も何着かVネックのカーディガンを持っていますが、白シャツにネイビーやグレーのカーディガンを合わせると、どうしても「おじさんっぽく」なってしまうのです。そこで、佐藤さんのカーディガンの着こなし方を観察してみたら——カーディガンの袖をたくし上げて、袖口から白シャツのカフスを出し、すそ2つのボタンは開けて、パンツをちらりと見せて……。そこには、数々の「レイヤー」が存在し、それが上半身を華やかに、そして立体的にかっこよく見せているのです。

「後ろにギャザーが寄せてあるなど、着たときに立体感が生まれるカーディガンを選びます。ジャケットを着るほどではないけれど、きちんとしたい。そんな『ジャケッ

How to make her style No.02

毎日食べても飽きない「白いご飯」のアイテムを決める

1

2

3

4

5

7

6

9

8

1. 白シャツは、真っ白で着ることがいちばん大事なので、漂白剤が使える綿か麻100%のものを。ボタンを開けたとき、胸元のVゾーンが美しい形を選ぶ。「madame H」。2. Tシャツは繰り返し洗っても首まわりがへたらないものを。これは「プラダ」。3. レザーのタイトスカートは、女らしくなりすぎず、キリッと着こなすことができる。4. 大人のジーンズの基本は、ストレッチが入っていないストレートタイプでダメージ感のない深いインディゴブルーのものを。5. ネイビーのテーパードパンツは、なんにでも合う万能アイテム。「コントワー・デ・コトニエ」。6. 上質なカシミアカーディガンは、ヒップがギリギリ隠れるぐらいの丈。品のあるマゼンタピンクが1枚あるとコーディネートに変化をつけられる。「madame H」。7. ジャケット選びのポイントは、ヒップがギリギリ隠れる長めの丈とウエストがシェイプされた細身のシルエット。これはネイビーのウールジャージーのジャケット。「madame H」。8. シックなノースリーブのリトルブラックドレスは、誰にでも似合いやすく、いろいろなシーンに使える。9. トレンチコートは袖丈が大事。手首がちょうど隠れる丈が目安。

ト未満』として着られる1枚がおすすめですね」と佐藤さん。

なるほど！ ここで学んだのは、手持ちのカーディガンも「セーター寄り」ではなく、「ジャケット寄り」に着こなせばかっこいい、ということ。どうやら佐藤さんの「制服」は、小さな着こなしの工夫の積み重ねによって、完成されるようです。

シャツの肩は、ちょっと落ちるものがいい

佐藤さんの定番コーデの中で大きな役割を果たしているのが、白シャツです。世の中にある膨大な種類の白シャツの中から、何を、どんな基準で選べばいいのか、どうしたらかっこよく着こなせるのか、なかなか「正解」を見つけることができません。そこで「白シャツを選ぶときのポイントはなんですか？」と聞いてみました。

「大事なのはサイズ感です。人それぞれにベストバランスがあるので、まずは自分のサイズを知ることですね。一田さんの場合、シャツの肩幅はぴったりより、少しだけドロップする大きめを選ぶといいですよ」と教えてくれました。

それは、私にとって意外な答えでした。「シャツは肩で着るもの」という言葉をよく聞き、ジャストフィットでないといけないと思い込んでいたから。いつもは38サイズ

を選ぶ私に、佐藤さんはもうワンサイズ上の40をすすめてくれました。

さっそく着てみると、程よいゆとりがあります。「ボタンは2つ開けるの」。そう言いながら、胸元をささっと直してくれました。襟をちょっと立てて、胸元をぐっと深く開け、前たてのラインをす〜っと伸ばす。すると、自分の体がほっそり、しかもエレガントに見えるから不思議！　今までオーバーサイズのシャツを着ると、ダボッとして垢抜けないと思い込んでいたのですが、着方でこんなに変わることにびっくり！

やや大きめを選ぶことで、シャツの中で体が泳ぎます。この「泳ぐ」ということがとても重要。体のラインを拾わないし、シャツの生み出す自然なラインが、本来の体型をカバーしてくれます。今までとはまったく違う、シャツの選び方を知りました。

ジャケットを体に合わせる

佐藤さんが、「仕事の相棒」と呼ぶのが、テーラードジャケットです。30代のころからずっと愛用し続けているのだとか。でも私は、カッチリしたジャケットはほとんど持っていません。というのも、ジャケットは窮屈で、しかもなで肩の私の体に似合うものはない、と思っていましたから。でも、佐藤さんはこう言います。

How to make her style No.03

「きちんと着る」ことで歳を重ねる準備をする。

アクセサリーはほとんど身につけないという佐藤さん。その代わりにプラスするのが「エルメス」のスカーフのカレと「ロジェ ヴィヴィエ」の靴。どちらも流行に左右されないのでコツコツ集めてきた。

白シャツの胸元にすっきりした柄のエルメスのカレを。白ベースに紺か黒の柄が入った1枚があると便利。ストライプのジャケットを合わせたときは、足元はスニーカーにして、ちょっとはずす。シャツ、ジャケット、バッグは「madame H」。

「最近は、『ゆるい服装』が主流のようですが、『きちんと着る』『きれいに着る』ということは、とても大切だと思います。40歳を過ぎたら『もうお嬢ちゃんじゃない』という認識を持ったほうがいい。40代は、まだ若く見えるから、ついかわいいものに手が伸びてしまうんです。でも、私は40代の10年間は、50代で素敵な人になるための準備期間だと思います。だから、少しずつ大人のおしゃれをする練習をしなくちゃ。ジャケットはそのためにも必要不可欠なアイテムですね」

佐藤さんご自身も、40歳で髪の毛をバッサリ切ってショートカットに。それに伴ってそれまで着ていた服が似合わなくなったので、すべてを見直して「おしゃれの更新」をしたのだと言います。今のご主人＝ムッシュと出会ったのも、このときでした。髪の毛を切ってくれた美容師がムッシュだったというわけです。

巷では、カジュアルブーム、ナチュラルブームで、カチッとした服装を敬遠する傾向にあります。初めての人、目上の方に会うとき、きちんとした場に出るときに「あれ？　着ていく服がない……」とあわてて、何年も前に買ったジャケットを引っ張り出し、「なんだかイケてないよな～」と思いながら出かけていく。そんな状況からそろそろ卒業したいなあと考えるようになりました。大人の女性なら、「いざ」というときのおしゃれの引き出しを持っておきたい。今が本腰を入れて頼りになるジャケットを探す時なのかもしれません。

窮屈すぎず、でも「相棒」と呼べるほど自分にフィットするジャケットの条件はいったい何なのでしょうか？　私がなで肩であるように、人によって体型は違います。つまりあの人に似合うジャケットが私に似合うわけではありません。だったら、何を基準に探せばいいのでしょう？　すると佐藤さんは、こんなアドバイスをくれました。

「とにかく着てみること。仕立てのいい立体的なジャケットは、誰が着てもスタイルよく見せてくれます。着てみると、きっと『これが私に合う1着だわ』とわかります。だから『ジャケットを着こなす』というより、『よいジャケットに体のほうを合わせる』つもりで選ぶのがおすすめですね」

なんと！　どうやらジャケット選びには、万人に適応するセオリーはないよう。それぞれの個性を持つ人が、それぞれの体型に合った自分にぴったりのジャケットと出合う……。体を滑り込ませるだけで、かっこよく見せてくれる「私のジャケット」に出合うまで探さないと！とワクワクしてきました。

「おすすめは、今まで3万円のジャケットを買っていたなら、5万円のものを買ってみること。そうやって少しずつ投資する金額を増やしていくんです。そのうちに、きっと『いいものを長く着る』ということがわかってくると思います」と佐藤さん。

制服を決めれば、自由になれる

デザイナーとして活躍しながら、クローゼットに眠っている価値ある服を再生させるお直しサロン「リモデ（REMODE）」をスタートさせたのは64歳のとき。サロンのことを知ってほしくて始めたブログ「madame Hのバラ色の人生」は、月間70万ＰＶを誇ります。さらに、「マダムが着ているような服は、どこで買えますか？」との問い合わせに応えるために、オリジナルの服を作り、サロンをオープンしたのが70歳のとき。「人生は閉経してからが楽しいのよ。気持ちがぐっと安定してくるから。60歳の大きな壁を超えてから、いろんなことに固執しないようになりましたね」という言葉に、なんだか感動してしまいました。

60歳で「人生の棚卸し」をし、衣食住すべてのものを見直した結果、佐藤さんの暮らしは、ごくシンプルになりました。少ないワードローブで、きちっと自分のスタイルを確立された様子は、伸びやかで自由です。余計な心配をせず、過分なものを欲しがらず、軽やかに生きる。制服を見つけることは、そんな潔い大人の人生へと歩を進めることなのかもしれません。

イチダのおさらい

シャツのボタンは2つめまで開ける。

カーディガンは、ジャケット感覚で着こなす。

仕立てのいいジャケットを選び、ジャケットに体を合わせる。

スカーフは「エルメス」のカレと決める。

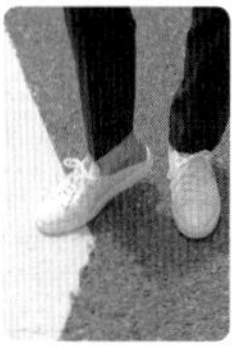

スニーカーではずす。

Column 1

スタメンコーナーを作る

わが家は築50年の日本家屋なので、押入れがクローゼット代わりです。押入れの中の手前側と後ろ側に平行に2本のポールを取り付け、奥には季節外の衣類を、手前には今の季節の服を吊るしています。ここにはおもに、トップスをしまいます。セーター類も多少伸びてもすべて吊るしてしまいます。衣替えの時期になると、前後をくるりと入れ替えます。

ただしパンツは、押入れにしまうとすそが中板につかえてしまうので、別の場所に。押入れの前にハンガーラックを設置し、コンパクトなマワハンガーのパンツ用ハンガーに1枚ずつ吊るすことにしました。

あわただしい朝の身じたくでは、クローゼットの中身がすべて見通せること、そして、しまいジワがなく出したら即着られる、ということがなにより大事。押入れをサッと開け、トップスを横目でちらりと見ながら、その前に並んでいるパンツをチェック。「よし、今日はコレとコレ」と同時に選び出せるしくみです。

今回の取材で、大草直子さんから、クローゼットは2週間に一度アップデートし、スタメンだけを常に並べておく、と聞いて驚きました。たしかについ数日前まで半袖シャツを着ていたのに今は長袖メイン、というふうに、季節とともに「いつも着る服」は刻々と変わっていきます。

そこで、私もまねをして、押入れの中に「スタメンコーナー」を作ることにしました。左側に「今いちばんよく着るアイテム」だけを厳選してまとめておきます。朝、押入れを開けたら、ここを集中的に見ればいいというわけ。数が減れば減るほど、選ぶのに時間がかかりません。

着ていく服がすぐ決まると、一日がスムーズに動き出す気がします。今、自分が何を持っていて、どんな服が自分らしく、何を着たらワクワクと前向きになれるのか。毎朝の身じたくは、そんな「自分軸」の確認作業でもある気がします。

Column 2

いつも、こざっぱり

私は母親から、「高い洋服じゃなくても、いつも洗濯したてで、アイロンがピシッとかかった服を着ていれば、おしゃれに見えるんよ」と言われて育ちました。だからでしょうか？　面倒くさがりなのに、家事の中では洗濯とアイロンかけがいちばん好きです。

洋服をきれいに保つには、たとえ短い時間でも一度着たらなるべく早く、翌日には洗う、というのが原則です。ただし、あまりガシガシ洗うと生地が傷んでしまうのも事実。そこで、必ず服はネットに入れて洗います。シャツもセーターもパンツも靴下も。

色が濃いものは、ネットに入れずに洗うと、ほかのタオルなどの細かい繊維くずがついてしまいます。黒やネイビーの靴下は、何度も洗っていると、繊維がすれてポツポツと白い斑点が出てきます。なので、無印良品の大中小の3サイズの洗濯ネットを各2個ずつ用意しておき、アイテム別、色別、サイズ別などに分けてこの中に。

カシミアなどのセーター類も、ネットに入れて洗濯機で、「ザ・ランドレス」の「ウール&カシミアシャンプー」を使って洗っています。シーズンの終わり、もうセーターは着ないとなったら、衣替えの前に、すべてをもう一度洗い、ハンガーにかけ、5〜6枚をセットにして防虫カバーをかけてしまいます。この方法にしてから、古いわが家でも虫食いがなくなりました。

そして、シャツでもTシャツでもニットでも、必ずアイロンをかけます。洗いざらしの風合いもいいけれど、ピシッとシワが伸びた1枚を着ると、シャキッと背筋が伸びる気がします。

実家に帰ると、86歳になる父が「このシャツはへんてこな形やなあ」などと言いながらアイロンをかけてくれます。時々デニムにセンタープレスが入っていて「あれれ？」ということもあるけれど、几帳面なので私がかけるよりもずっときれい。特別な服を着るわけではないけれど、こざっぱりとした身なりは、一田家のおしゃれの基本なのかもしれません。

Part 2

おしゃれ上手な人の制服化セオリー

仕事場でのおしゃれの役割は、また会いたいと思ってもらうこと

高橋みどりさん
Midori Takahashi

テレビ朝日のファッションレポーターとして活躍した後、ジュン アシダ、メルローズ、バーニーズ ニューヨーク、ジョルジオ アルマーニを経て、エストネーションを設立。2005年に独立してオーエンスを設立。PR、マーケティング、商品や店舗プロデュースをはじめ、セミナー講師としても活躍。http://oens.net/

働く服の目的は、「私をきれいに見せたい」ではない

私はフリーライターなので、比較的カジュアルな服装で仕事に出かけます。でも、ちょっと目上の方にインタビューをしたり、改まった会議に出席するとなると、とたんに「何を着ていったらいいだろう?」とあたふたします。そんな経験を何度か繰り返すうちに、「きちんとしたおしゃれ」ってなんだろう?と考えるようになりました。

でも、ファッション誌でも、おしゃれにまつわる本でも、なかなかそのお手本が見つかりません。そんなときに知ったのが、髙橋さんでした。

「バーニーズ ニューヨーク」、「ジョルジオ アルマーニ」などを経て、2001年に働く大人のスペシャリティストア「エストネーション」を立ち上げた髙橋さん。その後、企業、ブランドなどのPRやマーケティングを手がける「オーエンス」を設立し、イメージングディレクターとして活躍されています。最近では、働く女性の装いをテーマにしたセミナー講師の依頼がとても多いのだとか。そんな髙橋さんが、一貫して唱えてきたのが、「働くときにおしゃれしないで、いつするの?」ということ。「セミナーではいつも、あえて厳しい話から入るんです。そもそも働くときに着る服

How to make her style No.01

「好きな服」を選んじゃダメ。誰に会い、何をするかを考えて。

「年収によってジャケットの価格を決めて」と髙橋さん。いいものには、人を幸せにしてくれる力がある。

この日はオフィスで仕事なので、ややリラックスモード。ただし靴だけはきちんとパンプスをはき緊張感を保つ。「ウィムガゼット」のパンツに「フレームワークス」のシャツを合わせて。茶色のワントーンコーデ。

は、よく雑誌で取り上げられているような『オンでもオフでも使える服』ではありません、という話をします。働くときに着る服と普段の服は違います。両方に使えるような服ばかりを買ってしまうから、迷ってしまうんです。働くときに着る服にトレンドを追い求める必要はないし、自分の好き嫌いで服を決めてはいけないんです」

なんと！　今まで聞いたこともないおしゃれのセオリーに戸惑ってしまいました。でも、そうだとすれば、どうやって服を選べばいいのでしょう？

「働くときに着る服には、必ず目的があります。目的を持って選ぶ服と、自分が好きな服を着ることは別です。セミナーでは、いつも『仕事に行くような服で来てね』と前もって伝えておきます。でも当日、『どうしてこの服で来たの？』と聞くと、だいたいみなさん、『今日は寒いから』とか『子どもを自転車で送らないといけなかったから』と言う。でもそれって全部、〝あなたの理由〟なんですね。仕事の理由ではないんです。仕事でのおしゃれって、『どう自分をプレゼンテーションするか』ということ。それは〝自分の好み〟ではなく、〝その場にふさわしい〟服を選ぶということです。自分らしく働ける服を選んで、自信を持ってその場にのぞむということは、相手にとっても気持ちがいいこと。『きれいに見せたいから』『好きだから』ではないんです」

ここでやっとわかってきました。つまり「主語」が違うということ。仕事でのおしゃれは、「私が」満足するためではなく、「相手が」気持ちよくいるためにする、という考え方です。

仕事で使える3つのおしゃれパターン

そんな髙橋さんの制服には、「マニッシュ」「エレガント」「カジュアル」という3つのパターンがあります。

たとえば「マニッシュ」なら、白シャツに後ろが長めのカーディガンを羽織って、テーパードパンツを。胸元の蝶タイ風小物が大人の愛らしさを添えています。「マニッシュ」といいながら、どこかエレガントで女性らしさが感じられるから不思議。

「エレガント」な装いでは、真っ白なノースリーブワンピースにジャケットを合わせて。女らしさの中にもキリッとしたビジネスモードが感じられます。「カジュアル」では、デニムにスニーカーを。ポイントは「ファビアナ・フィリッピ」のジャケット。軽いシャカシャカした素材でシワになりにくく、気軽に着られるのに、きちんと感がありますす。この3つのパターンは、バーニーズ ニューヨークの仕事で初めてニューヨークに行った際の経験から生まれたそう。

How to make her style No.02

シーンに合わせて、3つのパターンを決める。

「マニッシュ」なコーディネート。ノースリーブのシャツの襟元には蝶ネクタイ型のピンブローチを。パンツはサイドにラインが入っていて軽やかな印象。洋服はすべて「ブルネロ　クチネリ」。バッグは「エルメス」、ブラウンのレースアップシューズは「マルニ」。

活動的な「カジュアル」パターンでは、「カレント エリオット」のデニムに白いTシャツを合わせ、「ファビアナ・フィリッピ」の軽い素材のジャケットを。スニーカーと斜めがけバッグで、スポーティーさをプラス。

「エレガント」な装いでは、「ジル・サンダー」の白いワンピースを。「ブルネロ クチネリ」のジャケットを合わせることで、エレガントさの中にもキリッと辛口の、働く女性らしさを感じさせる。

「毎日、現地の社長に『おはよう、今日は何を着てきたの？』と聞かれるんです。自分なりに考えて、撮影がある日は動きやすいようにデニムなどでカジュアルに。打ち合わせがあるときは、きれいなジャケットを着てマニッシュに。ディナーのときはワンピースでエレガントにと、いろいろなスタイリングで行きました。そうしたら、帰国するときに社長が、『僕は、これからみどりと仕事をするよ』と握手をしてくれたんです。『ファッションセンスのある人は、ビジネスセンスもあると信じている』と。うれしかったですね」。それ以来、出張に出かけるときは、この3つのパターンを用意していけば安心なのだとか。

朝着ていく服に迷ったら、まず配色から考える

もう一つ制服を作る際に大事なのが、色のパターン化です。急いで仕事に出かけなくてはいけないのに、コーディネートが決まらない……。そんなときは、まず配色から考えると、失敗が少なくなるそう。髙橋さんがすすめてくれたのは「3色コーディネート」でした。

「絵を描くときのように、濃い色と、淡い色をパレットにおいて、それを混ぜ溶くん

です。たとえば黒と白を溶いたら、グレーになりますよね。だから、黒と白のスタイルにグレーが入ると、中和されて全体のバランスがよくなる。そのほかの色では、ネイビーと白とサックスブルー、ブラウンと白とベージュといった具合です」

そう言って見せてくれた白×黒×グレーのコーディネートの美しいこと！　黒のジャケットにグレーのパンツ。バッグと靴は、少しずつ濃さの違うグレーです。混ぜ合わせてできる色で構成することで、全体にまとまりが生まれるだけでなく、なんとも言えない気品のようなものが出ることを知りました。そして、私もクローゼットの中に、自分なりの「3色コーディネート」をセットしておこうと決めました。

制服化をするのは、洋服だけではありません。小物選びにも仕事目線が光ります。靴はモードすぎるデザインは避け、黒、茶、ベージュのプレーンなものが基本。バッグは、自分の体の大きさに合うサイズを。バランスがいいのは、身長の5分の1ほどの幅のものなのだとか。

洋服でも小物でも、「これぐらいの値段のものを選ぶべき」と、髙橋さんははっきり言います。年齢や年収、ポジションに見合う値段のものを持つ。おしゃれにはそんな「適正価格」があるそう。

「ニューヨークに出張に行ったとき、『日本では、どうして20代の子がプラダやグッチ

How to make her style No.03

濃い色と淡い色を混ぜたら足すべき1色が見つかる。

黒、白、グレーの３色コーディネートの例。ジャケットの中に合わせたのは、なんと「ヘインズ」のＴシャツ。パンツ、バッグ、靴でグレーのグラデーションをつくる。バッグは「ザネラート」、靴は「マノロ・ブラニク」。

小物選びのルール

バッグの幅は身長の5分の1

バッグのサイズ感にも黄金比がある。きれいに見えるバランスは身長の5分の1ぐらいの幅。身長160センチの髙橋さんなら32センチ幅ぐらい。

靴を持って洋服を買いに行く

パンツ丈はスタイリングを完成させるときにとても重要なので、買うときは、普段よくはくレースアップシューズとパンプスの2種を持って行くのがおすすめ。

3つのパターンに合わせた時計を持つ

節目節目に、宝石よりも腕時計を買ってきたという髙橋さん。前述のマニッシュ、エレンガント、カジュアルという3つのパターンは、時計から先に決めることも。これは、「ジラール・ペルゴ」のもの。

めがねはシンプルなものを

めがねは、いろいろな服と合わせて邪魔にならないように、シンプルなものを選ぶ。黒縁は「トムフォード」、「マイキータ」のベージュのサングラスは、レンズの色を薄いものに取り換えてもらったそう。

小物でシャツをドレスアップする

これは、シャツ用のアクセサリー。シンプルなシャツも、こんな小物をプラスすることでおしゃれ度がアップする。

のバッグを持てるの？　それっておかしくない？』」と言われました。彼女たちは、『身の丈に合わないものを持つのは恥ずかしい』と言います。だからこそ一生懸命に仕事をする。何年かがんばれば役職がついて、課長や部長になります。そうなって初めてブランドのバッグを持つんです」

適正価格を知ることは、「今」の自分に向き合い、腹をくくることなのかもしれません。

仕事は、偉くなってこそおもしろい！

「私は、女性もどんどん偉くなるべき、と思っているんです。どうせ長く働くなら、偉くなってお給料をたくさんもらったほうが楽しいし、自分のビジョンが形になったら、『よし、やろう！』とやりがいにもつながります。だから今、自分のキャリアに満足していない人も、あきらめないでほしいです。そのためにも、どう見られているか、どう見せるかを意識して働くときにおしゃれをすることはとても重要。それは、仕事をする姿勢や、どうやって生きていこうかという意識にもつながりますから」

そんな髙橋さんの言葉はとても力強いものでした。最初の就職のときから、そう考えていたのですか？と聞いてみると、「全然！」と笑います。

「20代で『メルローズ』に勤めていたとき、『こんなにがんばっているのに、誰も認めてくれない！』といつも悩んでいました。でも、自分なりに考えて全力で仕事をしているうちに、評価されることが増え、ポジションが上がっていきました。そんな経験を通して、『評価はあきらめずに自分で勝ち取るもの』という考え方に変わっていきました」

そのための一つの手段が、どんな服を選び、どうコーディネートするかという「制服化」だったというわけです。

32歳で「バーニーズ ニューヨーク」の日本での立ち上げに加わり、その後「エストネーション」を設立。この大人のためのスペシャリティストアには、オープンするやいなや自分の年齢に合った服が欲しいと思っていた多くの女性たちが集まりました。

「働く女性が増えているのに、きちんとキャリアを支える服がない。ずっとそう感じてきたので、大人の女性が本当に欲しいと思う服があるお店をつくりたいと考えました。5人の日本人デザイナーに『働く女性が仕事で着る服をデザインしてください』と伝え、オリジナルとして商品化しました。それを『こういうシーンではこんなコーディネートに』と、さまざまな場面に対応できるよう展開したんです。そうすると買う側も頭が整理されて、『私は今度こういう人に会うから、これね』と買い物をしてくださいました。迷わないし、失敗も減るので、多くの方に信頼されて売れていきました」

50歳を過ぎて、働き方も生き方も自由になってきたそう。取材の日、髙橋さんがオフィスで着ていたブラウンのシャツは、「フレームワークス」のものでした。私たちでも手が届く、カジュアルなお店でも買い物すると聞いて、なんだかちょっと安心しました。ただし、靴だけは5㎝ヒールのパンプスをはくのが髙橋さん流。カジュアルな装いが、ぐっときちんとした感じに引き締まります。すべてを変えなくても、こんなふうに「靴だけ」とポイントを絞って、「制服化アイテム」を投入してみるのも、「きちんとしたおしゃれ」に近づく秘訣かもしれません。

「いろんな人に、今の仕事は天職だね、と言われますが、私自身はまったくそう思っていないんです。むしろ、この仕事が向いていなかったからこそ、ここまでやってこられた。人見知りもするし、この仕事をしている方々がよくおっしゃる〝人好き〟ではないんです。だから働くときはマインドも服も仕事モードにチェンジしています」

髙橋さんは、制服に袖を通すことで自分のエンジンに点火してきたのかもしれません。

今回、お話を伺って改めて知ったのは、「目的を持っておしゃれをする」ことでした。

仕事にはいろいろな目的があります。今日の目的から、1年後、10年後の目標まで。自分にばかり向けがちなおしゃれの目を、一歩先へと進めて、未来の時間のために服を選べば、行きたいところへたどり着けそうな気がします。

イチダのおさらい

今日会う人のことを考えて服を選ぶ。

初対面の人と会うときは、襟付きの服を着る。

失敗のないコーディネートはグラデーション３色で。

夜の会食は、できれば着替えたりして
華をそえる。

出張など移動の多いときは
軽やかな素材のジャケットが便利。

着ると「平井かずみ」になる。装うことは、自分が何者かを伝えること

平井かずみさん
Kazumi Hirai

フラワースタイリスト。「イカニカ（ikanika）」主宰。東京・自由が丘にある「カフェ イカニカ」での花の会をはじめ、全国各地で花の教室やワークショップを開催。雑誌、テレビなどでも幅広く活躍し、暮らしの中に季節の花をしつらえる〝日常花〟を提案している。著書に『フラワー スタイリング ブック』（河出書房新社）など。http://ikanika.com/

甘口の服をキリッと着る

フラワースタイリスト平井さんの第一の制服は「白い服」です。花の教室を開くときに着る服はいつも白。「花にはいろいろな色があるから、自分は白を着るんです。ワンピースだったり、スカートにシャツを合わせたり。汚れたら漂白もできるし、白は意外に便利なんですよ」と聞いて、なるほどとうなずきました。

ふわりとすそが風に舞うワンピース、まるで修道女のようなブラウスとサロペット。仕事でも、プライベートで出かけるときにも、平井さんのおしゃれは、いつもやさしげです。「白、黒がいちばん多いですね。ピンクやベージュも好きなのでよく着ます」。でも、ただ「ふわり」「ひらり」としているだけで選んでいるわけではありません。

「以前よく着ていたゆるりとしたナチュラル系の洋服はやめました。今の自分の体形には似合っていないことに気づいたんです。最近選ぶのは、首まわりやウエストまわりがピシッとしていて、でも、シルエットはゆるめで、メリハリがあるもの。私は、襟が大きく開いている形が似合わないので、詰まっているもの、襟が高いものを選びます。そのほうがきちっと見える気がして」

How to make her style No.01

花の教室では白い服を。装いは、仕事への姿勢そのもの。

1.スタイリスト大橋利枝子さんのブランド「フルーツオブライフ」のシルクコットンのパンツをはけば、透け感も気にならない。2.「ユーモレスク」のシルクのプルオーバーは、肌触りがよくインナーとして愛用。

ロングワンピースは「ヤエカ」のもの。胸元にはくるみボタンがあしらわれ、隅々まで作り手のこだわりが感じられる1枚。たっぷりのギャザーでも薄手なので重たくならず、落ち感がきれい。

サーモンピンクのワンピースは、甘い色なのに、キリッと襟があり、ウエストをベルトで結ぶと「きちんと感」が出ます。薄手の白いワンピースは、全体はやわらかいシルエットなのに、スタンドカラーで顔まわりだけがキリッと辛口に。「甘辛のバランスは、大事にしていますね。仕事に入ると〝男前スイッチ〟が入っちゃうので、洋服だけは女らしくと思って」と笑います。

見えないところの「制服化」が大事

どの服もオールシーズン着まわすそうです。寒いときは、ロングカーディガンを重ねたり、あえてひと回り大きなサイズのコートワンピースをコート代わりにしたり。いわゆるコート然としたものより、やわらかいワンピースやスカートとの相性がよく、平井さんらしい装いになります。

さらに、なくてはならない「制服」が薄手のブラウスやパンツ。「すごく万能な『ユーモレスク』のシルクのブラウスがあるんです。一枚で着てもいいし、冬はインナーにしてもいい。贅沢な着方なんですけどね（笑）。Tシャツみたいな、ごくシンプルな形で何にでも合わせられて、しかも着ていて気持ちいいので、同じものを2枚持っています。私ね、『これは使える』と思って奮発したものほど、どんどん着るんです」と平井さん。

さらに、もう一つの必需品が超薄手のパンツ。「私が持っているワンピースは、薄手のものが多いので、アンダーパンツがマスト。『ドーサ』や『フルーツオブライフ』の薄手のパンツをワンピースの下に着ると、透けるのを防げるし、動き回っても大丈夫だから」。

見えるところだけでなく、見えないところにも、きちんとしたものを選ぶ。それが、平井さんのおしゃれにどこか清潔感を感じる理由なのかもしれません。

洋服は、「自分が何者か」を伝える手段

私が初めて平井さんと出会ったころ、彼女はまだ何者でもなく、少しずつ花の仕事を始めながら、小さなギャラリーでアルバイトをしていました。どうしたら「花」を伝えられるのか、もがいていたころ……。「あのころは、余裕がなくて、洋服が買えなかったんですよね（笑）。当時は重ね着ブームだったので、セカンドハンドのお店などでも服を買って重ねる工夫をしていました」。

How to make her style No.02

襟の高いシャツが好き。自分に似合うシルエットを一歩引いた目で見つける。

レースなどがあしらわれているスタンドカラーのブラウスは、着ると清楚なイメージに。

インドの手仕事で仕上げられたという「トワヴァーズ」のサロペットで花の仕事へ。インナーには、襟の高い「ユーモレスク」のブラウスを。動きやすいようにと選んだサロペット姿も、上品で女らしく着こなすことができる。

映画配給会社勤務を経て、結婚を機に退職。そこから花との付き合いが始まりました。ご主人の転勤に伴って東京から大阪に引っ越したときに、さらにガーデニングにはまったそう。平井さんが生ける花が、「自然にあるがままの姿」を大事にしているのは、季節ごとに土に球根や苗を植え、育ててきた経験があるからこそ。東京に戻ってからは、転勤前から働いていたインテリアショップに再び勤務。そこで、生け込みに来ていた花の師匠に「そんなに花が好きなら仕事にしなくちゃ」と背中を押され、少しずつ「できること」を見つけてきたのだと言います。

「私は、若いころから『服が人に与える印象』がすごく大事だと感じながら過ごしてきた気がするんです。映画配給会社では、受付を担当していたので、外部からのお客様に対して、自分が最初の入り口になりました。インテリアショップに勤めたときにも、『私がお客さんなら、洋服のセンスが素敵な人に、インテリアコーディネートをしてもらいたいって思うよな』と考えていました。時代ごとにテイストは変わっても、『どう見られているか』を意識しながら洋服を選んでいましたね」

ＯＬ時代はややコンサバな服を。インテリアショップでは、タートルネックのセーターに台形スカートなど、今よりずっとシンプルだったという平井さん。今のようなテイストに変わってきたのは、35歳を過ぎ、花の仕事が軌道にのったころ。

「少しずつ雑誌に出させてもらうようになりました。とある雑誌の旅企画で初めて7ページという大きなページに掲載してもらうことが決まったとき、『何を着よう？』ってものすごく考えました。私は、自分の姿を見てもらうことで、『こういう人がやっている花の教室があるんだ』と、伝えたかったんです。どんな服を着ているかは、その人が日常でどう暮らしているかを素直に見せることじゃないかなと思って。自分らしい装いを考えに考えて、そのときは、『ジャーナルスタンダード』や『ネストローブ』など、今よりも、もうちょっとふわっとしたナチュラル系の服を着ていたと思います。そうしたら、編集部に『あの服はどこのものですか？』とたくさん問い合わせが来たんだそう。『ああ、やっぱり洋服って、人の印象に残るものなんだ』と再認識しました」

「人の目を気にする」というと、一見「自分軸がない」ように聞こえます。でも、それは、「人の評価を気にする」ということではなく、自分が「どう在りたいか」と決めること。つまり、自分自身のブランディングなのだと思います。そして、その「自分ブランド」こそが、その人の制服となる……。「どう装うか」は、自分が「何をしたいか」を伝えることなのだと教えてもらいました。

サーモンピンクのワンピースは、「エミン アンド ポール ストゥディオズ」のもの。パリッとしたコットン生地なので甘くなりすぎない。真っ赤な靴を合わせて。バッグは斜めがけできるものを。

How to make her style No.03

誰かと一緒ではなく、自分のための小物の足し算を。

1.アクセサリーは繊細な刺しゅうを施した布製のものが好き。「インドゥビタブリー」のものが中心。2. バッグは華奢な斜めがけタイプを。奥は「インドゥビタブリー」、手前はインドネシアのもの。

どんな高価な服も、どんどん着て、自分で洗う！

今、よく着ているのは「ユーモレスク」「トワヴァーズ」「ドーサ」など、個性が立つショップやデザイナーが作るものが中心です。「自分も手からものを生み出している人間だからか、やっぱり手仕事のものに惹かれますね。とくに気になるのは、ディテールや素材感を生かしているもの。でもちゃんと商業ラインにのせられた、〝手仕事が薫る〟ぐらいのものが好きなのかも」と平井さん。シルクやカディコットンなど、吟味された素材が使われているのも特徴。

「いいものを知る」ということも、おしゃれには大切な要素です。平井さんは、するりと人の心に入り込む名人です。仕事で知り合った人とすぐ仲良くなり、編集者、カメラマンはもちろん、陶芸家、デザイナー、ショップオーナーなど、どんどん人脈を広げていきます。そして「こっちにも花を生けに来てよ」「一緒にイベントをやろうよ」と声をかけられると「わあ、楽しそう！」とすぐに飛んでいくフットワークの軽さには驚くばかり。こうして、出かけた旅先で、ジュエリーのデザイナーさんを知り、洋服のブランドを知り……。おしゃれの引き出しをどんどん増やしていったよう。「今のファッションになったのは、旅が多くなったここ6～7年ぐらいなんです。薄手の服は、かさばらないし、旅先で洗ってもすぐ乾くんです」。

いい素材を使い、手仕事で作られている服は、当然価格に反映されます。「でも、どんな服も、家で、おしゃれ着用洗剤で自分で洗っちゃいます。だって、着るために買っているんですもん。ものは全部そうですね。どんなに高価な器も、使うため。もったいながらずに、料理を盛りつけたり、花を生けたりと、どんどん使います。洋服も、買ったその日にすぐ着たいし、アクセサリーもそう。最近は、アクセサリーを身につけるのも楽しくなってきました。好きなのは、古い石やビーズを使って物作りをする『サムロ』や、19世紀の装飾品を現代にも使えるようにデザインした『インドゥビタブリー』のものなど。『ルーバス』のジュエリーも、展示会に行くと自分へのごほうびで必ず買ってしまいます。仕事柄、指輪はできないので、ブレスレットかネックレス、またはピアスかな。アクセサリーをしないで出かけると、なんだか落ち着きません。洋服やアクセサリーって、自分に元気と自信を持たせてくれるもの。『平井かずみになる』ためのスイッチを入れてくれるものなんだと思います」。

花を仕事にする。そう決めた日から、平井さんのおしゃれの制服化が始まっていました。一見華やかで、しなやかに見えるその装いには、強い意志が宿っています。

How to make her style No.04

羽根のように薄い服を幾枚も重ねて風をまとうおしゃれを。

カシュクールタイプなど薄手の羽織りものを持っていると、肌寒い日にワンピースの上に重ねて体温調節ができる。左はスタイリスト小暮美奈子さんのブランド「ミディアム」、右は「ドーサ」のもの。どちらもオールシーズン大活躍。

薄手の洋服を買うようになったのは、この「カディ＆コー」のワンピースと出合ったのがきっかけ。藍染めのオーガニックコットンで、肌にやさしく軽やか。1枚着るだけで、体のラインに沿った美しいシルエットとなる。

イチダのおさらい

薄手のパンツと合わせれば、ロマンティックなワンピースも仕事着に。

軽くて暖かいシルクのTシャツがあれば、薄手ワンピースを一年中着回せる。

手仕事の美しい布のアクセサリーは胸元のやさしいアクセントに。

襟の高いブラウスを着ると「清楚度」がアップする。

薄手の羽織りものがあれば、中途半端な季節の外出がぐんと気軽に。

どんな服を着るかより、どんなシルエットをつくるかが大事

石田純子さん
Junko Ishida

文化出版局『装苑』編集者を経て独立。婦人誌のファッションページや、広告、テレビなどのスタイリングを手がける。スタイリングアドバイザーとして、テレビ出演やトークショー、百貨店の販売員研修などで幅広く活躍中。東京・月島にセレクトショップ「ドゥーエ ドゥ（DUE deux）」をオープン。定期的に着こなしレッスンを開催している。

おしゃれの根っこはコンプレックス

あるときは、鮮やかなブルーのスリムパンツにさわやかな白シャツを。あるときは、デニムのワイドパンツに、今年の流行色、黄色のロングカーディガンを羽織って。会うたびに、ガラリと印象が違う石田さん。そのおしゃれのバリエーションの広さは、さすがスタイリスト！　どんな服でも着こなせるから、石田さんには「これ」と決めた制服なんてないのかしら？　そう思いながらお話を聞きに伺いました。

スタイリストとして活躍しながら、数々のおしゃれにまつわる本を出版。そのどれもが読者の高い支持を得ているのは、石田さんがみんなの「困った」を解決してくれるから。そのセオリーは、「おしゃれに見えるのには、必ず理由がある」と教えてくれます。

雑誌『装苑』の編集者を経てスタイリストとして独立。仕事に対する意識がガラリと変わったのは、ママ友とのお付き合いが始まってからだったのだと言います。「みなさん、入学式ではきちんとした装いなのに、親子遠足や運動会などでカジュアルな服装になると、途端にあれ？という洋服に……。そうか、この『いつもの格好』の底上げをするのが私の役目なのかもしれない、と考えるようになったんです」。

アシンメトリーなロングシャツに、「ドゥーエ ドゥ」オリジナルのスリムパンツを合わせて。ハッとするような鮮やかなブルーが、全体の印象を軽やかにしてくれる。スニカーはシルバーで大人っぽく。

How to make her style No.01

自分の体型に合ったシャツのディテールを見つける。

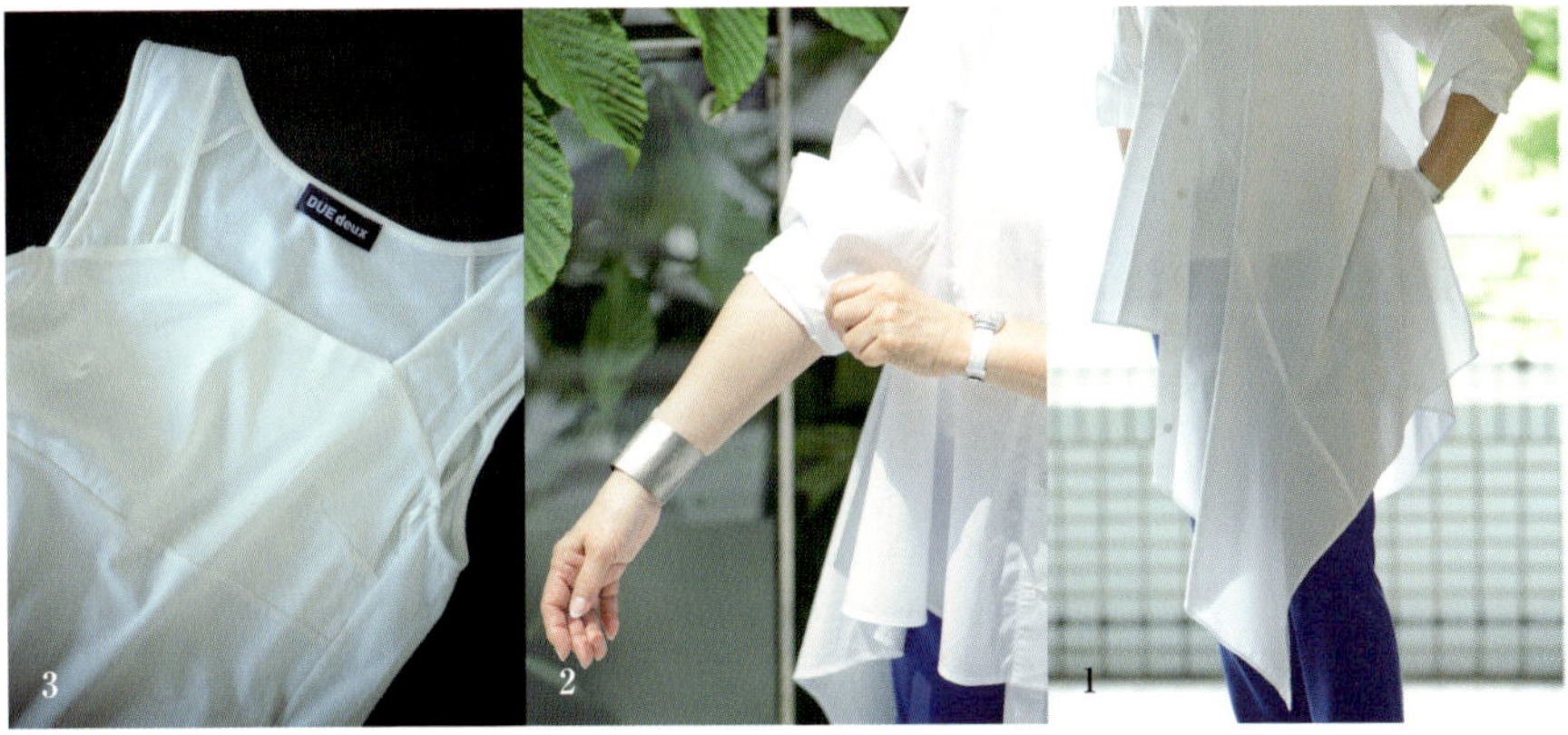

1.ロングシャツは、すそに動きがあったり、前後差があるものを選ぶと、体型をカバーできる。2.袖をロールアップするときは、大きく一度折り上げてから、２度目、３度目と重ねて小さく折るとうまくいく。3.インナーには胸元が横一直線になるタンクトップを。「ドゥーエ ドゥ」オリジナル。

さっそく「石田さんにとって制服って何ですか?」と聞いてみました。

「私は仕事柄、いろいろなものを着ていないと、お客様にご案内できないから、どんどん違う服を着てみたいと思っています。でも同時に、『絶対にこのバランスでしか着ない』という鉄板のバランスを決めているんです」

どんな服でも着こなせると思っていたのに、「このバランスでなくては」という決まり事があるなんて! 誰にでもコンプレックスというものがあります。お腹が出ているとか、足が太いとか、胸が薄いなどなど……。おしゃれの邪魔をするのがコレ。じつは石田さんの制服化の第一歩は、このコンプレックスと向き合うことでした。

「子どものころから、母が洋服を作ってくれていました。仮縫いの段階から、『あなたはここを絞らないと体がきれいに見えない』とか『ボタンを閉めていると似合わないから、もう一つ開けなさい』とか、自分の体のバランスをどうカバーするかということをずっと言われ続けてきました。だからでしょうね、私にとって洋服を着ることは、自分のコンプレックスと向き合うこととイコールだったんです」

洋服は、どう着るかという目的を持って選ぶ

そんな石田さんの第一の制服は、シャツです。手持ちのシャツを見せていただくと、その種類の多さにびっくり！　私にとってシャツといえば、ボタンダウンをはじめとした、いたってベーシックな形でした。でも、石田さんが選ぶのは、丈が長くAラインだったり、すそがアシンメトリーになっていたり。ただどれにも共通していたのが、シャープな襟が付いているということでした。

「すそに少し動きがあるものを選ぶことが多いですね。前後差がついているとか、スリットが深く入っているとか。素材もコットンや麻100％だけではなく、レーヨンやジョーゼットなどやわらかめの素材で、透け感や動きのあるものを選びます」

こうしたシャツを選ぶのには、目的があります。それは、I型のシルエットをつくるため。「私の場合は、お尻が大きく腿が張っていて筒形なので、それを隠すのが大前提なんです」と石田さん。お腹が隠れるロング丈のシャツを、テーパードの細いパンツに合わせて足先から頭へすっと通る1本の「Iライン」をつくります。全身をアルファベットのIに近づけたシルエットは、すっきりとした縦長感を強調します。

たしかにさわやかに白のロングシャツを着こなす石田さんの姿を見ると、風でふわりとすそが舞い、ほっそりとした足元が印象に残ります。「何を」着るかよりも、「どんな」シルエットをつくり出すかが、おしゃれでは大事ということ。

How to make her style No.02

ロング丈の羽織りもので、幅を出さず、縦長シルエットをつくる。

ワイドパンツにロングカーディガンを合わせ、モノトーンでキリッとまとめて。すそが斜めのブラウスでお腹をカバー。

自分の体型ととことん向き合う

第二の制服パターンは、X型のシルエットです。ワイドパンツやロングスカートは下にボリュームがあるので、短めのトップスを選び、ウエストラインをぎゅっと絞ったラインを強調。アルファベットのXに近づけます。ただし、このとき、ぽっこりお腹を目立たせないカムフラージュが必要。「短めの丈のブルゾンが便利なんです。ジッパーを閉めてウエストを絞ると、きれいなXラインがつくれますから」と石田さん。これまでブルゾンは男性が着るものと思い込んでいました。でも、レースをあしらったものや、オーガンジーなど、石田さんのブルゾンの多彩なこと。ジャケットでもなく、カーディガンでもない。そのアイテムの応用力に、私も1着欲しくなりました。

石田さんが教えてくれたのは、コンプレックスは自分でひっくり返すことができる、という事実でした。どうしたら、お腹が出ていてもカッコよくパンツをはきこなせるだろう？　どうしたら、背が低くてもすらりとしたシルエットをつくれるだろう？　ととことん自分の体型と向き合うことで、それをカバーする鉄板の法則を導き出す。それこそが、石田さんの「制服化」の正体でした。

ネイビーとグレーのバイカラーのワイドパンツには、前が短め丈の白シャツを合わせて。ウエストを感じさせることでバランスがとれる。ネクタイのように細長いスカーフは、パンツの色とリンクさせて。

How to make her style No.03

ウエストを絞ったXラインは、メリハリを強調するのがコツ。

1.ギャザースカートには、レースのブルゾンを。ダブルジップなので、下を開けてシルエットを調節できる。2.「ペルティニ」や「ステラ マッカートニー」など、おしゃれ心の感じられるスニーカーが定番。

私たちは、おしゃれと聞くと「足し算」と考えがちです。あんな服が着たい、こんなスタイルがしてみたい……などなど。でも、石田さんの制服化は、マイナスをゼロにして、おしゃれの土台を整えることからスタートしていました。「買い物に出かけて、『いいな』と思う服に出合ったら、この『鉄板のバランス』に当てはまるときだけ買うんです。それ以外は、どんなに素敵でもあきらめます」。自分の体型を知り、欠点を上手にカバーし、「似合うものだけ」を「似合うバランス」で着ることがいちばん大事。おしゃれには、そんな冷静な「ベースづくり」があることを教えていただきました。

その人らしい個性が、おしゃれには不可欠

「これはね、ビーズを使って自分で作ったブローチなの」。洋服が決まったら、必ずインパクトのあるアクセサリーで最後の仕上げをします。ブローチをつける位置にもひと工夫を。「たとえば、顔に近い位置＝胸の上のほうにつけると若々しい印象になります。やや下めにつけると落ち着いた感じに。『今日は、どんな自分でいこうかな？』と考えて、アクセサリーを選び、つける位置を決めます。ブローチって、視線の誘導なんです」。

いつも私が選ぶアクセサリーといえば、シンプルなピアスや控えめなシルバーやパールのネックレスぐらい。「目立つ」とか「盛る」という装飾はどちらかといえば苦手でした。でも、石田さんはこう語ります。「私は『その人らしさがどれぐらい表現されているか』というのが、おしゃれだと思っているんです。『そうやって、それとあれを合わせるから、○○さんっぽいんだよね』って。小物にはそういう役目がありますよね」。

白いシャツに、たった1枚のスカーフで色をさすことで、顔がパッと華やかになります。シンプルなパンツの足元だからこそ、靴下の色や柄によって個性がキラリと光ります。そうか！　おしゃれには個性が必要なんだ。このことを改めて認識しました。まずは、靴下1枚、ブローチ1つからなら、新しいことにトライできそう。

おしゃれになる近道は、素直であること

3年前に、石田さんは東京・月島に、セレクトショップ「ドゥーエ ドゥ」をオープンさせました。コンセプトは「大人の遊び場」。コンサートや落語会を開いたり、ファッションショーを開催したり。ここに通ううちに、どんどん垢抜けておしゃれになっていく女性たちがたくさんいるのだとか。

白や黒などの無地だけでなく、色や柄、透ける素材など、いつもと違う靴下を選んでみるだけで、印象がガラリと変わる。洋服は無理でも小さな靴下からなら冒険できそう。

How to make her style No.04

おしゃれとは、その人らしさがどれぐらい表現されているか。

1.ネックレスとブローチは、プラスチックの商品タグでアクセサリーを作る藤田圭子さん作。2.柄物のスカーフ選びのコツは、自分が持っている服の基本カラーが一色含まれているものを選ぶこと。

そして、こんなふうに語ってくれました。「『私は、おしゃれになるいちばんの近道は『素直であること』だと思っています。『この服を着てみたらいかがですか？』と言われたとき、『私は、そんな色は着ないんです』とか、『私にはそれは無理』と言っていたら、なにも変わりません。自分の好みと違ったり、今まで着たことがなくても、とりあえず袖を通してみる。一回のせられてみることが大事。そして、ほめられたら素直に喜ぶことですね。謙遜ばかりしていないで、そうやって変身を楽しんでほしい。それが若々しさや、軽やかさにつながるのだと思います」。

制服化とは、「これ」と決めて変えないことだと思っていました。自分にはこれが似合うという確固たるものさしを持っていることが大事だと。でも、石田さんのお話を聞いて、そんな自分のおしゃれを「揺さぶって」みるのもいいのかも、と思うようになりました。人は、昨日とは違う自分に出会うとワクワクするものです。今まで気づかなかった、自分の魅力がちらりと見えたとき、明日がくるのが楽しみになります。

石田さんが教えてくれたのは、自分で自分のおしゃれにブレーキをかけない、ということ。そうやって、トライ&エラーの中で、似合う、似合わないの線引きをより明確にしていく。石田さんの制服化には、今まで袖を通した洋服すべての経験が含まれているようでした。

イチダのおさらい

細身パンツは、足首がちらりと見える「やや短め丈」に。

袖のロールアップは、大きく一度折り上げてから。

クスッと笑っちゃうTシャツで大人の遊び心を。

シャツに合わせるインナーの胸元はまっすぐがいい。

パンプスをはかなくても、スニーカーでもおしゃれはできる。

Column 3

お金をかける優先順位はコートから

秋冬に、ウールのコートより出番が多いのが、麻やコットンなどの軽めのコートです。都心では、ウールのコートを着始めるのは意外に遅く、12月になってから。それまでは、秋口のちょっと肌寒くなったころはシャツの上に麻のコートを。もう少し寒くなったら、セーターの上にコットンのトレンチコートを着ます。

ばさっと羽織ってしまえば、それなりにかっこよく決まるのがコートのいいところ。去年よく着たのは「ヤエカ」のコットン素材のチャコールグレーのロングコートでした。パンツはもちろんですが、ロング丈のワンピースにも合わせられるのがいいところ。5～6年前に買った「パーマネントエイジ」のネイビーのコットンコートは、お尻のちょっと下ぐらいの短め丈です。ジャケットっぽく着られるので、パンツに合わせるとカチッとトラッド風に決まります。

洋服って、重ねることで、おしゃれ度が増すなあといつも思います。長袖のシャツ1枚で出かけるよりも、半袖のTシャツに薄手のコートを羽織ったほうが断然格好がつけやすい。基本的にボタンを閉めずに着るので、中に着たシャツやセーターがちらりと見える。そうやって立体的に着こなすことで、おしゃれのスキルがなくても、なんとなくサマになる気がします。

インナーからアウターまで、すべてを買いそろえるのはなかなか大変です。新しく買い足すものの優先順位を決めるとき、いちばん先に手に入れたいのが、コートかなあと思うのです。

家を出て、電車に乗って、買い物をする――その間、コートを脱ぐことはありません。つまり、第一印象を決めるのはコートだということ。中のセーターやシャツのコーデがイマイチ決まらない日も、コートさえあれば、なんとかなります。夏が終わり、涼しい風が吹き始めると、そろそろコートの出番だなとワクワクします。

Column 4

バッグの中身

私が編集ディレクターを務めるムック『暮らしのおへそ』（主婦と生活社）で、創刊以来の人気ページがあります。それは「バッグの中身」というページ。取材をさせていただいたみなさんの、バッグの中身をすべて出して並べて撮影し、写真とともに紹介するページです。

毎日持ち歩くものだからこそ、その「中身」は、その人らしさを雄弁に語ります。はて、私は何を持ち歩いているだろう？と今回考えてみました。まず、財布はここ10年以上「ヒロコハヤシ」のものをリピート買いしています。小銭入れがガパッと箱型に開くのが特徴。上から見ると中身が一目瞭然なので、支払いをするときに、1円まですぐに見つけ出すことができます。

ハンカチは、ずっとてぬぐいを使っています。普通のハンカチだと汗や手を拭いたらすぐにビチョビチョになってしまいますが、大判のてぬぐいは、一部を使って、たたみ直して、新たな面を出して、と使いがいがあります。

歳を重ねるごとに、重たい荷物を持ち歩くのがしんどくなりました。今、何かを選ぶときに大事なポイントが「軽い」ということ。水筒は、コンパクトなものを探しに探して、「ポケトル（POKETLE）」という名前の水筒をゲット。わずか１２０㎖しか入らず、ほんのコップ1杯だけ。でも、私にはこれがちょうどいいよう。

折りたたみ傘は、「モンベル」のもの。こちらは重量わずか１５０g。降るかもしれないけれど、降らないかもしれない……。そんな日にも、バッグに入れたことを忘れてしまうぐらいの軽さです。

毎日使うものだから、「ま、いいか」と買ったものが入っていると、なんだか気持ちが悪くなります。今は、携帯用のおしゃれな歯ブラシセットを探している最中。誰かに見せることはないけれど、一つずつ「これしかない」と探したものを足し算する。バッグの中身が、自己満足度１００％であることは、意外に重要だと思います。

Part 3

実践！ 私の制服化

My Practice 1

体型に合うパンツの条件を3つ見つける

私のおしゃれの基本形は、シャツ＋パンツ＋レースアップシューズです。仕事柄、取材でいろいろな人に会うので、あまりラフすぎない格好に。でも、窮屈だったり、張り切りすぎるおしゃれは疲れてしまうので、着ていてラクなものに。さらに、撮影の現場では立ったり座ったり、ものを運んだりもするので、動きやすい服装に。そんな自分の「毎日」に合わせて選んでいたら、自然にこの組み合わせになりました。

その中でも、いちばん大切だと思うのがパンツです。なぜなら、シルエットの決め手になると思うから。トップスにどんなにいいシャツを着ても、パンツがかっこ悪いと、おしゃれ度はガクンと下がってしまいます。反対に、コレと決めた自分に似合うパンツを持っていると、トップスがシャツでもカットソーでも、ファストファッションのTシャツでも、おしゃれが決まると思っています。

ただし、パンツは選ぶのがとても難しい。私は下半身が大きくて、普通のレディースサイズをはくと、パツンパツンになってしまいます。「これなら大丈夫かも」と太めのワイドパンツを選んでみても、お腹がポコンと出てかっこ悪いことといったら……。「制服化」に必要なのは、「ああ、やっぱり似合わない」とがっかりしたときに、「どうして似合わないのだろう?」と分析すること。私は猪突猛進型の性格なので、この「分析」が大の苦手です。「あちゃ、失敗した!」「じゃあ、次!」と、振り返ることをせず、どんどん新しいものに手を出して、さらなる失敗を繰り返していました。

でもある日、「よし、これなら大丈夫」と思える手持ちのパンツに、共通点があることに気づきました。基本的には、シンプルで個性が立たない「普通のパンツ」を選びます。最近ではワイドパンツが人気ですが、極端なシルエットは、来年はもうはけない場合がほとんど。「制服」となるパンツは、シンプルなストレートかテーパードパンツです。

そして自分の体型と向き合って導き出した「似合うパンツ」の条件が次の3つ。①ウエストまわりにタックがあり、ペタンとお腹にひっつかない立体的なシルエットであること。②7〜8分のやや短め丈であること。③お腹まわりはゆったりしているけれど、出口＝すそまわりが細いこと。これだと、お尻やお腹まわりがゆったりとして「お腹ポコン」が気にならず、でも出口が細いので、ズドンとした印象にならずに、ほっそりシルエットをつくることができます。さらに、短め丈なので、私の中で唯一少し細めの足首を見せることができるというわけ。

この法則に気づいてから、パンツ選びで失敗することはほとんどなくなりました。自分の味方になってくれるパンツを持てば、毎日の身じたくが本当にラクチン。コーディネートのブレがなくなります。こうして、私の制服化は、まずはパンツから始まりました。

パンツに合わせる靴下

意外に大事なのが、パンツのすそからちらりと見える靴下です。ずっと3足1000円の靴下を買っていましたが、知り合いのセレクトショップオーナーに教えてもらったのが、「パンセレラ」という靴下ブランド。1足2800円と高価ですが、エイッと買ってみると、その違いに驚きました。薄手でやわらかな質感で、程よいリブの幅が足首をきれいに見せてくれます。

一度この靴下の味を知ると、ほかのものでは足元が〝もっさり〟見えるような気がしてきました。新しいトップスを買うなら、足首を美しく見せてくれる靴下を3足買う。そんなおしゃれもあります。ほんの少ししか見えないけれど、足元の効果は大きいのです。

いつもはヒップまわりがゆったりしたパンツが多いが、長め丈のトップスを合わせるときは、細めのテーパードパンツを。これは「ビショップ」のメンズのパンツ。

夏も冬も、白いパンツを持っていると、コーディネートが垢抜ける。どんなトップスとも合わせやすく、おしゃれ度をアップしてくれる。

下3足が「パンセレラ」のもの。ただし、夏だけは、もう少し短め丈のほうが涼しげに見えるので、近所の靴下屋さんで見つけた、くるぶしまでのものをはいている。

持っている靴は99%が「ショセ」のレースアップシューズ。パンツだけでなく、スカートやワンピースに合わせても、足元がマニッシュに。エナメルはお出かけ用。

My Practice 2

シャツに頼らず
シャツを着る

若いころは、トップスといえばカットソーでした。着ていてラクだし、ボートネックやボーダーなど、形や柄も変化させやすく、さらにはリーズナブルで買いやすい。でも、40代後半から、なぜか似合わなくなってきたのです。体型が丸くなったこともあり、もう少しシャキッとシャープな印象がいい。そう思って選ぶようになったのが、シャツでした。でも、たかがシャツ、されどシャツ。自分の体にフィットする1枚がなかなか見つかりません。

当時、シャツというアイテムは、自分の体にぴったりとフィットしなくちゃダメ、と思い込んでいました。私は身長の割には肩幅が狭くてなで肩です。だから、肩に合わせてシャツを選ぶと、どうしても身幅が狭くなります。その結果パツンパツンで、下のボタンは、お腹をグッと凹ませないと留まらない始末。窮屈だから、せっかくシャツを着ようとしているのに、着たくない……という悪循環に陥りました。

そんなとき、取材先で教えてもらったのが「スティアンコル」のリネンシャツでした。襟はボタンダウンでカチッとしているけれど、身幅はゆったりめ。このシャツに出合って、私は「シャツに頼らずシャツを着る」ことを知ったように思います。つまり、パンツと組み合わせることで、シャツの良さが引き立つというわけ。どんな服でも、1枚でおしゃれが完成するわけではありません。何かと何かを組み合わせる=コーディネートすることで、おしゃれが完成する。そのことを理解するまでずいぶん時間がかかりました。

このとき、初めてシャツを「パンツにインして着る」ことにも挑戦しました。それまでは、お腹がポコリと出るので「とても無理!」と敬遠していましたが、おしゃれの先輩にアドバイスしてもらい、試してみると、インするほうが逆にすっきり見えることを知ってびっくり! シルエットがキュッと引き締まり、シャツの良さが引き立ちます。基本は白シャツですが、変化をつけるために黒シャツも持っておくと便利です。私はチノパンに黒のシャツを合わせるのが大好きです。ちょっと大人っぽいシックなコーディネートになります。

シャツを着るうえで、大事なのが洗濯とアイロンです。あるとき、「1時間でも袖を通したシャツは、すぐに洗濯する」と聞いて驚いたことがあります。それまでは、半日着た程度なら、吊るして風を通しておき、もう一度着るというパターンでしたから。でもふと気づいたときに、襟や袖口まわりに〝汚れの鎖〟が……。汗や皮脂の混ざった汚れは、漂白してもなかなか落ちません。そこで一度でも袖を通したシャツは、必ずすぐに洗う習慣をつけました。

アイロンをかける際には、ボタンのキワまで、アイロンの先を入れてかけるのがコツ。シャツの命は胸元です。ボタンのキワまでピシッとアイロンをかけることで、2つボタンを開けたときに、ふにゃりと曲がることなく、深くて美しいVラインをつくることができます。シャツの持つ清潔感ときちんと感は、私の人生後半の大切な「制服効果」です。

そろそろジャケットに挑戦

今まで窮屈なうえ、なんだか真面目すぎる気がして、ジャケットを敬遠してきました。そんなとき手に入れたのが、「アピース オブ ライブラリー」のソフトジャケット。ジャージー素材なので着ていてラクで、でもシャツに重ねると、きちんと感が出ます。なにより、このジャケットを着ていると「あれ？　今日素敵だね」とほめられる率が高い！　カジュアルさの中にも少し「緊張感」をプラスすると、背筋がしゃんと伸び、立ち姿をすがすがしく見せてくれるのだと知りました。今年の秋冬用には「ハンドルーム ウィメンズ」で本格ジャケットを購入。これから少しずつジャケットのコーデを練習したいと思っています。

シャツをパンツにインするようになって、ベルトの重要性を再認識。この細めのエナメルのベルトは、メンズライクなコーデに少しだけ女らしさをプラスしてくれる。

ボトムスが濃い色でシャツが白より、ボトムスが薄い色でシャツが黒やネイビーといった濃い色のほうが不思議とおしゃれに見える。これは「ホーチュニアコダータ」のシャツ。

ジャージー素材のソフトジャケットは、着ていてラクなので取り入れやすい。これは「ア ピース オブ ライブラリー」のもの。ネイビーはどんなボトムスにも合わせやすい色。

秋冬用に買った「ハンド ルーム ウィメンズ」のジャケット。赤と白のレジメンタルストライプがかわいくて、かたい印象になりすぎない。短め丈でバランスもとりやすい。

My Practice 3

クラシカルな形の服を第二の制服に

シンプルでメンズライクな服も好きだけれど、一方で清楚でちょっとクラシカルな服も好きです。なで肩には、首が詰まったシルエットのトップスが似合う気がします。スタンドカラーのブラウスや、小さな襟がつき、一番上のボタンまで留めて着るフレンチスリーブのシャツなど。襟が詰まっているので、身幅はゆったりめ。クラシカルできちんとした印象なのに、着ていてラクという点も気に入っています。

昨年「ル・ピボット」でタートルネックのセー

ターを買いました。これも首が詰まって、身幅が広いデザイン。「本来は縦に使うセーターの生地を横に使うことで、美しい落ち感になり、ほっそり見えるんですよ」と教えてもらいました。ネイビーを買い、とても気に入ったので、すぐに色違いでグレーを買い足し、今年は白をプラス。身幅が広いので、このときだけは、タックなしの細めのテーパードパンツと合わせます。普段はメンズライクな装いが多いので、ちょっと変化をつけたいとき、少し「お出かけ気分」を味わいたいときに、この「清楚パターン」の制服が役立ちます。

丸首セーターの下に白シャツを合わせるのも、よくするパターン。グレーやネイビーのセーターやカーディガンの襟元からちらりと白い襟が見えると、顔映りがぐんとよくなって、色のコントラストで、全体の印象がピリッと引き締まります。思い返してみると、これは幼稚園や小学生のころ、母が選んでくれた洋服の組み合わせと同じ。「白い襟」というものは、どこか懐かしく、だからこそクラシカルな着こなしになるのかもしれません。

着こなしには、ひとさじの女らしさを

襟が詰まったスタイルとは真逆ですが、深く開いたVネックも大好きです。とくに冬のVネックは、ニットで暖かさを確保しつつ、あえて胸元を開けることで、女らしさが引き立つ

ような気がします。気をつけているのは、幅が狭くVが深いものを選ぶということ。幅までが広いとだらしなく見えてしまうので。先シーズン教えてもらったのは、Vネックカーディガンのボタンをすべて留めて着るというテクニックでした。少しタイトなカーディガンを着ると、ウエストもほっそり見えて、着やせ効果も抜群です。

無計画に買い物をし、クローゼットがパンパンだった時期、いったい何が自分に似合うのか、わかりませんでした。「あのブランドが着てみたい」「あんなテイストにもトライしたい」「あの人みたいになりたい」……。若いころは欲張りで、目移りし、おしゃれの物差しが、常に外にありました。でも、年を重ねると、だんだん目が自分の内側へと向かってきます。なんとなく「いつものパターン」が決まってきて、「つい着てしまう服」や「いつもほめられる服」が見えてくる。そんなときが「制服化」のチャンスだと思います。

私の場合、パターン①はシャツ＋タック入りパンツ、パターン②は詰まった襟のトップス＋テーパードパンツ。パターン③はワンピースです。そんな「パターン」が見えてきたところで、アレンジバージョンを考えます。パターン①はシャツの代わりにカットソーやニットを。パターン②は詰まった襟のトップスの代わりにVネックのカーディガンをといった具合。こうして、ワードローブ全体を、３つのパターンに分類しながら見直してみます。

どのパターンにも属さないものは、もう着ないものと判断。ただし、すぐに処分する勇気がないので、「保留」のケースに入れて日付のラベルを貼って押入れの天袋に入れておきます。一度も取り出さなかったら、1年後に処分するというしくみです。

私の制服化は、まだ始まったばかり。このサイクルを繰り返し、だんだん少数精鋭の上質な「制服」にブラッシュアップしていきたいなと思っています。

「ル・ピボット」の首が詰まったセーターは、身幅が広くて落ち感がきれい。気に入ったトップスは、グレーとネイビーなど2色買いを。

リブ編みのVネックのカーディガンのボタンをすべて留めて、セーター風に着こなす。体にほどよくフィットして女性らしいシルエットに。胸元にはネックレスを。

「パーマネントエイジ」のカーディガンに「スティアンコル」の白シャツを合わせて。首元と袖口からシャツがちらりと見えることで、清楚なイメージになる。

My Practice 4

ワンピースは、普段の延長線上で

ちょっとした会食やトークイベントに登壇するときなど、「いつも」よりちょっとおしゃれがしたいとき、何を着るかが決まっていないと、出かけることさえ億劫になってしまいます。以前は、集まりの予定が間近に迫ってから「あれ？　着ていく服がない！」とあわてて買いに走ることがしょっちゅうでした。気に入るものが見つからないのに、とりあえず、目新しい服ならＯＫと買って、結局1回きりしか着なかったことも。

そこで、ある時期から「お出かけはワンピース」と決めてしまいました。私が持っているワンピースには、2つのパターンがあります。一つは、シャツの延長線上で着られる前ボタンのワンピース。「ミシェル ボードアン」など、シャツスタイルで特別感がありすぎないのがポイント。「普段よりちょっときれい」というさじ加減がちょうどよく、友だちとおいしいレストランに行くときから、イベントなど公式の場まで、幅広く着ていくことができます。

もう一つは、もうワンランク上の「ちょっと張り切って」出かけるときのワンピース。これは、シンプルだけど、シルエットが美しいもの。「サキ」や「オールドマンズテーラー」のコクーン型のワンピースです。こちらは「極めてシンプル」というところが大事。吊るした姿を見るといたって普通。でも、着てみるとぐっとシルエットが際立つ……。そんな「地味だけど目立つ」1枚があると、ここぞという場面で自信を持って着ることができます。

そんなワンピースとの出合いは、たびたびあるとは限りません。そこで、気に入る形と出合ったら、リピート買いするのがいつもの方法。「ミシェル ボードアン」のワンピースは、ネイビーとグレーを、「オールドマンズテーラー」も黒とベージュの2色買いをしました。

私はフリーランスで仕事をしているので、仕事とプライベートの境目がありません。でも、ワンピースを着ると、カチリと「お出かけモード」に切り替わる。「今日はこんな気分で出かけたいから」とスイッチ効果を上手に暮らしに取り入れたいなと思います。

アクセサリーは、つけていることを忘れるものを

シンプルでいつも同じ服だからこそ、アクセサリーでの小さな変化を楽しみたいと思います。メンズライクな服装のときは、シャツやセーターの襟元に、小さなシルバーのネックレスをします。服に合わせて、3種類ぐらいの長さのチェーンをそろえておくと便利です。

お出かけモードのときでも、あれこれつけるのは苦手で、冬はピアス、夏はブレスレットがメインです。仕事に出かけるときのピアスは、シンプルなシルバーのリングタイプと、パールのピアスぐらい。ワンピースのときは、少し変化をつけて「ヒーミー」の針と糸をモチーフにしたクチュールピアスを。細長い針のようなピアスが耳元で揺れると、トークイベントのときに遠くの客席から見えるらしく、「それは、どこのものですか?」と聞かれることが多くなりました。

ブレスレットは、意外に雄弁です。人は話をするときに、無意識に身振り手振りを加えるもの。そこにブレスレットがあると、会話を印象的に演出してくれる気がします。お気に入りは、「サムロ」の古い水晶やビーズを組み合わせた1本。作家が一つずつ手作りしているので、二つと同じ形がなく、私にとってお守りのような存在です。そのほか、存在感のあるシ

ルバーのものや、北海道の土産店で買った木製のブレスレットなど。していることを忘れるぐらいさりげないものなら、仕事の邪魔にもなりません。朝出かける前に「私に力を貸してね」という気持ちで身につけます。

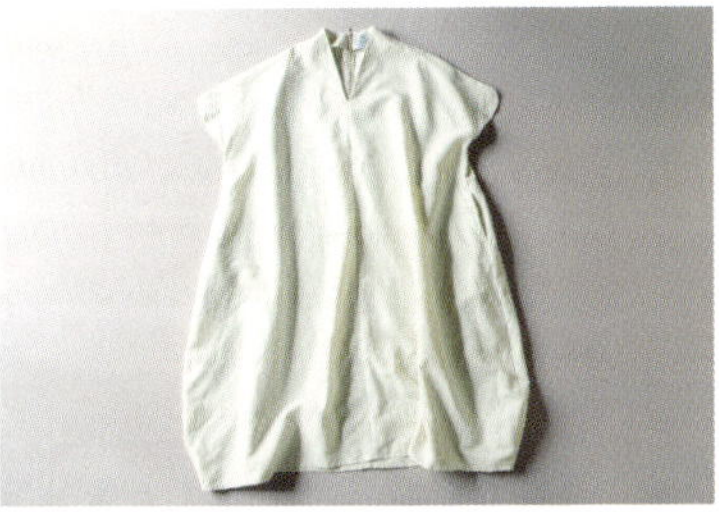

「張り切りパターン」のワンピースは、「オールドマンズテーラー」のもの。着るとコクーン型のすっきりしたシルエットに。張りがあり、やや光沢のある素材。

最も出番が多いシャツ型のワンピースは、「Daja」別注の「ミシェル ボードアン」のもの。中にタートルを合わせたりと、いろいろな着こなしができるのもいいところ。

左が「ヒーミー」のクチュールピアス。ゴールドとプラチナのコンビ。中央は「ミトメツカサ」のもの。右は「ジョージ ジェンセン」のシルバー。

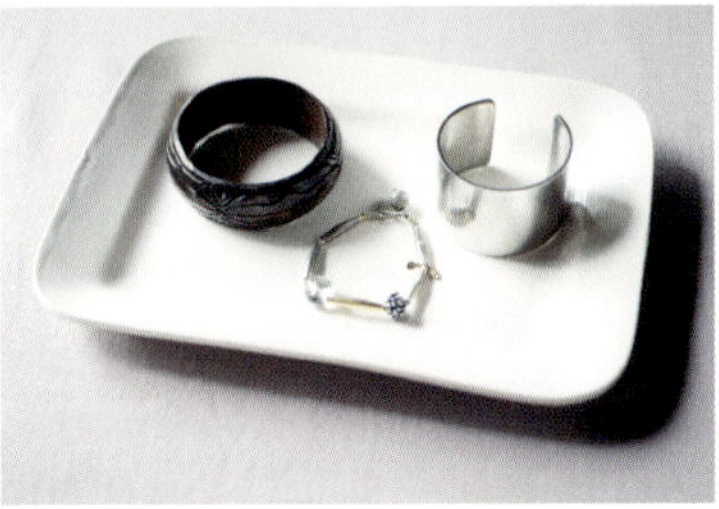

左は北海道で木彫りのクマを彫っているおじいさんから買ったもの。中央は大好きな「サムロ」のもの。右のシルバーは、アウトレットショップで買ったもの。

おわりに

私は若いときから、洋服を買うより器を買うほうが好きでした。だからでしょうか。器なら「わが家のおかずに合う1枚はこれ」と選べるのに、シャツ1枚、パンツ1枚を買うにも、いったい何がいいのかがわかりませんでした。

そんな私が「おしゃれの本」を出すなんて！　最初にこの企画のお話をいただいたとき、「私には、無理無理」と首をブンブン横に振ったのです。

でも……。おしゃれのプロではないからこそ、悩みやコンプレックスからスタートした「自分のためのおしゃれ」を組み立てるプロセスを書くことができるかも。いつもおしゃれに迷ったり、あちこちブレたり……。そこから抜け出すためにと考えた方法なら、同じように困っている人の小さなヒントになるかも、と思いました。

私は、スタイリストさんでもモデルさんでもない。このことを自覚することから、おしゃれの一歩が始まる気がしています。つまり、高望みしない、ということ。雑誌で見たあのスタイルはかっこいいけれど、それをそのまま着ても似合うわけではない。そうあきらめることは、意外に難しいのです。

有名な作家さんが作った器より、民芸の器のほうが、わが家の肉じゃがをおいしく見せてくれるように、おしゃれにも「身の丈」というものがある気がします。私でも、そこそこよく見える洋服を自分で選び、工夫して着こなす。つまり、洋服も、自分らしい毎日をつくる「道具」として選んでみる、ということ。

毎日仕事に出かけ、動きやすくて、でも相手にいい印象を与える、きちんとした服装ってなんだろう？　大きなお尻を隠して、すっきり見せるパンツってなんだろう？それを、「私の毎日」という目盛りで測って組み立ててみる。そうやって、リアルな日常の中から立ち上がったおしゃれだからこそ、ほかの誰とも違う、その人らしさ＝「制服」になるのだと思います。クローゼットを開けて、ヒョイと今日の服を選べば、いつも自分らしい。そんな、おしゃれができる女性になりたいと思います。

この本に書いたおしゃれのセオリーは、私が8年前から手がけてきた『大人になったら、着たい服』（主婦と生活社）の取材で出会ったおしゃれの先輩たちに教えてもらったことがベースになっています。歳を重ねることを前向きに捉えることを教えてくれた先輩たちに、この場を借りて心より感謝申し上げます。

一田憲子　いちだ・のりこ

1964年京都府生まれ兵庫県育ち。編集者・ライター。OLを経て編集プロダクションへ転職後、フリーライターとして女性誌、単行本の執筆などで活躍。企画から編集を手がける暮らしの情報誌『暮らしのおへそ』『大人になったら、着たい服』（ともに主婦と生活社）は、独自の切り口と温かみのあるインタビューで多くのファンを獲得。全国を飛び回り、著名人から一般人まで、これまでに数多くの取材を行っている。著書に『面倒くさい日も、おいしく食べたい！仕事のあとの、パパッとごはん』『丁寧に暮らしている暇はないけれど。時間をかけずに日々を豊かに楽しむ知恵』（ともに小社）、『大人になってやめたこと』（扶桑社）などがある。日々の気づきからビジネスピープルへのインタビューまで、生きるヒントを届ける自身のサイト「外の音、内の香（そとのね、うちのか）」を主宰。http://ichidanoriko.com/

アートディレクション　成澤 豪（なかよし図工室）
デザイン　成澤宏美（なかよし図工室）
撮影　大森忠明、一田憲子（p70〜71、p122〜123）
編集担当　八木麻里
撮影協力（p4、6、9）　coromo-cya-ya（コロモチャヤ）
東京都武蔵野市吉祥寺南町1-8-11

おしゃれの制服化《せいふくか》
「今日《きょう》着《き》ていく服《ふく》がない！」から脱《だっ》する究極《きゅうきょく》の方法《ほうほう》

2019年9月28日　初版第1刷発行

著者　一田憲子
発行者　小川 淳
発行所　SBクリエイティブ株式会社
〒106-0032 東京都港区六本木2-4-5
電話 03-5549-1201（営業部）

印刷・製本　萩原印刷株式会社

落丁本、乱丁本は小社営業部にてお取り替えいたします。
定価はカバーに記載されております。
本書の内容に関するご質問等は、小社学芸書籍編集部まで書面にてお願いいたします。

©Noriko Ichida 2019
Printed in Japan
ISBN978-4-7973-9746-8